智元微库
OPEN MIND

成 长 也 是 一 种 美 好

THE ATTACHMENT THEORY WORKBOOK

Powerful Tools to Promote Understanding,
Increase Stability&Build Lasting Relationships

亲密关系修炼手册

[美] 安妮·陈（Annie Chen） 著　　王子洋 译

人民邮电出版社

北京

图书在版编目（CIP）数据

依恋的练习：亲密关系修炼手册 / （美）安妮·陈
（Annie Chen）著；王子洋译. -- 北京：人民邮电出版
社，2023.1
　ISBN 978-7-115-59351-1

　Ⅰ.①依… Ⅱ.①安… ②王… Ⅲ.①恋爱-手册
Ⅳ.①C913-62

　中国版本图书馆CIP数据核字(2022)第104189号

版权声明

◆　　著　　[美]安妮·陈（Annie Chen）
　　　　译　　王子洋
　　责任编辑　张渝涓
　　责任印制　周昇亮
◆　人民邮电出版社出版发行　　　　　　　　北京市丰台区成寿寺路 11 号
　　邮编　100164　　电子邮件　315@ptpress.com.cn
　　网址　https://www.ptpress.com.cn
　　天津图文方嘉印刷有限公司印刷
◆　开本：787×1092　1/16
　　印张：11　　　　　　　　　　　　　　　2023 年 1 月第 1 版
　　字数：187 千字　　　　　　　　　　　　2023 年 1 月天津第 1 次印刷
　　　　　　　著作权合同登记号　图字：01-2021-6565 号

定价：89.80 元
读者服务热线：（010）81055522　　印装质量热线：（010）81055316
反盗版热线：（010）81055315
广告经营许可证：京东市监广登字 20170147 号

谨以此书献给我的朋友

安妮·米勒

她的智慧和乐观鼓舞着我

让我满怀敬畏，探索未知

引言

在一段亲密关系中，你希望收获什么？你能得到你想要的吗？对于大多数人来说，这两个问题的答案可能并不是显而易见的。这本书基于心理学领域中的依恋理论展开论述，旨在带领你解答上述问题，帮助你与所关心之人建立更牢固、更持久的关系。

作为一名婚姻关系咨询师，我见过人们有意无意地将依恋理论中的观点运用到生活中，也亲身体会到这本书中的方法如何治愈人们，让人们彼此更亲近，但这本书并不仅仅是为夫妻而写，所有人都可以通过练习书中给出的方法，及时完成小测验，去更好地理解、体会那些你认为重要的亲密关系——与父母、兄弟姐妹或好友的关系。我在本书中为大家呈现的所有方法和策略都有证据与经验的支持，并且经事实验证，这些方法和策略对很多人都有效。我希望，当你按照这本书的内容进行实践（无论自行练习、与你关心的人一起，还是二者都尝试一遍）后，你会更深入地理解你自己，也更深入地懂得你所关心的人。你可以将本书呈现的方法和技巧分享给你所爱的人，并通过练习，使这段关系变得更健康、更亲密、更牢固。我相信，这是所有人的共同愿景。

目录

第一章

你属于何种依恋类型

你希望从人际关系中收获什么

作为一个成年人，这些年来你可能有过不少重要的人际关系。当然，我指的不仅仅是恋爱关系。除了恋人，一个人还会与父母、兄弟姐妹、朋友、老师等人建立人际关系。在众多重要的情感羁绊中，有多少是真正令人满意的？又有多少是足够牢固、持久的？这样的关系也许并没有你期望的那么多。但如果我告诉你，有一种方法可以帮助你确立牢固且长久的亲密关系，你会作何感想呢？当维护人际关系不再成为你的困扰时，你体验这个世界的方式、处理亲密关系的方法，是否会与从前不同？事实证明，个体在人际关系中体验到的程度不一的安全感（心理学家称之为依恋类型）是决定这些人际关系是否融洽且愉快的一个重要因素。

本书立足于依恋理论领域的核心观点，旨在帮助你确认自己以及你所关心之人的依恋方式，从而学会与生活中最重要的人建立更健康的关系。

在过去十多年的执业生涯中，我曾为数百对夫妻或伴侣提供咨询服务，帮他们解决各种情感问题，而依恋类型反映的问题总是以各种各样的形式出现。这些伴侣所面临的问题和挑战，把我带回了研究生的学习阶段。本书介绍的方法是上述全部经验的结晶。我也提供了一些练习，意在引导你们去理解自己的人际关系，最终建立一种在最令人满意的人际关系中才能找到的安全感。

我想，正在读这本书的你，同大多数人一样，回顾人生中一些重要的人际关系，其中既有美好，也难免有遗憾：或是自己做得不够好，或是别人没有为你伸出援手。过去的事已无法改变，但好在你可以改变过去那些对你没有益处的行为模式。你或许拥有完美的原生家庭或完美的恋爱经历，但这些并不是建立牢固持久的人际关系的先决条件。踏上充满安全感的亲密关系之路的唯一要求是你愿意诚实客观地回顾自己为人处世的模式，并相信自己可以改变其中那些无益的部分。同时，有很多证据表明，努力发展人际关系会给人带来良性的收益。拥有亲密、丰富多彩的人际关系，与拥有更健康的身心、更强的恢复和适应能力以及更全面的幸福生活息息相关。那么，我们不妨把这本书的内容当成一种让未来更健康、更有保障的投资。相信我，也相信你自己——这一切都很值得，你一定会有所收获。

关于关系暴力（relationship violence）的提示：这本书可以帮助任何想要了解何为人际关系或如何建立亲密关系的人，但是请注意，如果你在人际关系中遇到暴力因素，无论身体上的还是精神上的，我都不推荐你仅仅用这本书来解决问题。虽然一些暴力行为可能是由依恋问题引起的，但这背后通常还有更多的事情需要专业人士介入，例如心理咨询师、顾问甚至律师，他们会帮助你分析、解决问题。如果你的人际关系中存在暴力行为，请一定要寻求帮助和支持。

谁是你心中重要之人

我们首先要明确，在你的生活中，对你很重要的、你最想改善的人际关系有哪些。

请根据提示填写下表。

1. 写下你生命中最重要的 5 个人的名字，他是你的什么人，他为什么重要？

2. 用 1 到 10，评价这 5 个人对你的重要性（10 表示"最重要"）。

3. 用 1 到 10，评价与这 5 个人相处时，你感受到的压力（10 表示"压力最大"）。

4. 用 1 到 5，为你改善这些人际关系的迫切性排序（5 表示"最迫切"）。

你生命中最重要的 5 个人的名字	他是你的什么人 他为什么重要	重要性 （按 1-10 打分）	压力感 （按 1-10 打分）	改善该人际关系的 迫切性（按 1-5 排序）

交往价值

请回顾一下你在前面写下的人，并思考：在与他们的关系中，你真正想收获的是什么。人直到生命的最后，看到相熟之人仍会在第一时间想起他们对待自己的方式。那么，我们希望如何被我们所珍重之人铭记？想象一下：每一个你所关心的人都是一面镜子，他们环绕在你周围，每面镜子都会反射出你在与他们的交往过程中建立起的优秀品质，这便是他们带给你的交往价值。你希望他们说什么呢？接下来，请在下面写出那些积极向上的交往价值，例如"诚实""幽默""支持"，然后按 1—5，就这些品质对你自己的表现进行评分。1 分代表"还需要极大的改进"，5 分代表"对自己的这个品质非常满意"。

我希望在最重要的人际关系中拥有以下 5 种积极品质和价值观。

1. _____   1   2   3   4   5

2. _____   1   2   3   4   5

3. _____   1   2   3   4   5

4. _____   1   2   3   4   5

5. _____   1   2   3   4   5

在深入研究人际关系之前，我们先来思考一下，在一段亲密关系中，人们可能会产生什么样的羁绊或依恋。也许你听说过各种各样的依恋风格、依恋类型，也许你填写过能测出自己所属类型的自助问卷，其中涉及的依恋类型都是心理学家从开展了几十年的各种研究中总结出来的。以下是一些简单的概述。

什么是依恋理论

约翰·鲍尔比（John Bowlby）和玛丽·安斯沃斯（Mary Ainsworth）在 20 世纪中期通过研究确立了依恋理论的核心。他们最初的理论认为，如果婴儿与一位主要照顾者建立了紧密的联系，并且这个主要照顾者还能够敏锐地发觉、及时且温暖地回应他的需求，那么日后这个婴儿在社交和情感方面可能会有更好的发展。在鲍尔比和安斯沃斯创立这一理论的年代，婴儿的主要照顾者通常是母亲。在该理论框架中，有这种良性关系的婴儿，在成长过程中倾向于相信自己可以在他人的帮助下获得照顾和支持，从而获得安全感。在六十多年的研究中，这一基本假设得到了许多相关研究的佐证，并获得了神经科学、精神病学、创伤学和儿科学等领域众多专业人士的支持。

依恋理论的研究人员发现，他们可以通过观察婴儿在日常不同压力情况下的反应，对婴儿与主要照顾者的关系质量进行分类。研究人员将这些婴儿的反应分为三类：安全型依恋、不安全的焦虑型依恋以及不安全的回避型依恋。

早期的研究人员指出，在压力事件下，安全型依恋的婴儿会以一种非常直观且外放的方式表现他们的困窘，但他们的反应并不过分夸张。这些婴儿在寻求帮助时似乎很放松，而且更频繁地与他们的照顾者进行互动。这些行为最终使他们变得平静，从而平稳地从压力事件中走出来。

面对同样的压力事件，焦虑型依恋的婴儿倾向于大哭并表现出更强烈的痛苦。他们向自己的照顾者寻求帮助，但似乎又拒绝照顾者为他们提供帮助。在这些焦虑的婴儿身上，研究人员观察到大量消耗性的互动，可想而知，这些互动也并没有使婴儿得到有效的抚慰。

而回避型依恋的婴儿在压力事件下甚至不会哭泣。他们没有对照顾者的帮助表现出较强的需求，反而对照顾者为他们提供的帮助不感兴趣，甚至表现冷漠。非专业人士可能会觉得，这些婴儿好像没什么问题，但研究人员后来发现，这些婴儿体内的应激激素显著升高，这说明，他们的的确确遭受了应激的影响，只不过没有表现出来。

不难想到，随着婴儿长大成人，这三种依恋类型也会继续发展，并且很容易在他们日后的人际关系中被识别。当然，成年人的社会关系和情感关联要比婴儿复杂得多，但这些关联也几乎可以用这样的基本模式概括：当我们与某人建立情感关联并开始依赖他们时，在压力事件下，我们便会表现出自己真正的依恋类型。

准确评估自己的依恋类型不是一件容易的事，但回想自己最亲密的人际关系，我们或许会对此建立基本的认识。想想你与恋人或是维持了长久友谊的朋友之间的亲密关系。在与他们相处时，你可能会面对生活中各种各样的压力源。在面对压力时，如果你常常期望朋友或恋人能给你帮助、带来慰藉，那么你可能是安全型依恋者。但是，假设你遇到压力事件时，不期望朋友或恋人提供支持——也许你不确定你的伙伴是否会帮助你，你也不认为你可以指望他们，或者不认为他们会以你需要的方式帮助你，那么你便已经形成不安全的依恋类型，可能是焦虑型，也可能是回避型。你可能更害怕被自己的伙伴嫌弃，或对方过于强势的帮助让你崩溃，所以，你更倾向于拒绝向伙伴寻求帮助，以避免难堪。人通常会拥有一种典型的依恋类型，这种依恋类型几乎贯穿他们所有的亲密关系，因此安全型依恋者通常会觉得他们的恋人和朋友始终在背后支持自己，而不安全型的依恋者在回顾亲密关系时，往往能发现一连串伴随着遗憾、失落和悔恨等因素的、不尽如人意的关系。

在了解了什么是安全型依恋、焦虑型依恋和回避型依恋后，你可能会想："我想成为安全型依恋者！"这样想固然很好，安全型依恋者在与亲近之人交往时更容易获得安全感，更容易与他人形成合作或达成一致，因而在冲突中具备更强的适应性，遭遇负面情况时恢复得也更快，但即便如此，他们也不可避免地会陷入艰难的人际关系。

到目前为止，无论你已经形成什么样的依恋类型，有什么样的依恋倾向，你都不会被这些行为模式束缚——你的过去不一定决定你的未来。

从现在开始，你也可以尝试建立更牢固的人际关系，本书将在以下几个方面帮助你。

- 学会分辨自己和关心的人有哪些与依恋相关的行为模式，特别是在压力事件或对他人有需求的情况下。
- 学习新的理论知识和技巧，并将其运用于实践，以防止冲突升级，重建安全感和情感关联。
- 打破旧的、无益的行为模式，开始建立你想要的牢固且持久的人际关系，并以有利于这些关系健康发展的方式行事。

这些技能值得你认真学习，它们能帮助你培养更倾心、长久的亲密关系，享受与你爱的人、你所关心的人共处的时光，并且让你在面对困难和压力时，也可以欣然向他们寻求帮助，而不会感到尴尬、难堪或自责。

依恋理论有何作用

作为一名关系治疗师，我非常关注来访者的依恋类型。依恋理论为我提供了行之有效的方法，让我不仅可以精准地识别特定的行为，还可以探寻这些行为如何以及为什么会在处理人际关系时发挥作用，无论过去还是现在都是如此。

这种早期习得的依恋类型是否贯穿一个人一生所有的人际关系？当然不是。然而，受我们早期经历影响最大的人际关系，往往正是人生中最重要的人际关系，或者是我们长期依赖其情感支持的关系。在我们的生活中，与幼时我们父母所扮演的角色更为相似的人，比如我们的养育者、支持者、个人粉丝，受我们依恋类型的影响最大。恋人关系通常也属于这一类，恋人也因此成了成年人生活中受这种早期习得的行为模式影响的主要对象。不过，一个人的依恋类型和与之相伴的行为模式也可能影响与之交往的人，比如朋友、亲戚、上司、其他权威人士、同事和合作伙伴等。

其实，你可以把自己的依恋类型理解为人对安全感和信任的基本假设或行为准则。这或许听起来简单，但你的依恋类型确实对你的人生有着深远的影响。安全感和信任常常决定你能否成功地与他人合作、支持他人或接受他人的支持，以及遇到冲突时能否妥善处理。依恋理论为我们提供了一个简单的示意图，用来理解他人，为建立人际关系奠定基础。

确认你的依恋类型

在用这个测验确认自己的依恋类型之前，我们需要明确，它只是帮助我们探索自己、更好地理解人际关系的工具，它不会提供任何形式的正式诊断，也无法告诉我们任何关于自己或他人的明确信息。何况，真实的人远比一个小小的评估所能捕捉到的信息更加复杂。这个测验是以我对依恋理论的研究和心理学的探索及多年来在真实人际关系中积累的临床经验为基础设计的。

该测验由两部分组成，从不同的方面评估依恋类型，它们将有助于你了解一些细节，并尽可能提供对你有帮助的信息。接下来，请预留 10~15 分钟的时间，完成下面的测验。

依恋小测验

首先，请想想你生命中那些特别重要的人，以及你与他们的关系。这些人可以是你正在接触的，也可以是你几年前接触过的。除非测验中另有说明，否则下面出现的"伙伴"和"关系"等词分别指代你所想的人和你的关系。

第一部分：依恋的不安全感／安全感

这一部分主要探究你对自己人际关系的感受和思考。按照题目顺序，先完成那些关注你感受的题目（得到你的不安全感得分），然后关注你为了使自己的人际关系更加牢固而做的事及思考（由此产生你的安全感得分）。

评定量表 用量表评定下列表述与你的符合程度。

1. 在这段关系中，我时常感到失去自我。 _____

2. 在这段关系中，我有一种忽略自我的倾向。 _____

3. 我做出的妥协后来让我感到厌恶。 _____

4. 我的伙伴应该主动为我付出，而不是等我提出要求才付出。 _____

5. 我会向我的伙伴索取一些东西，但即使我得到了，我依然无法感到满足。 _____

6. 我感觉我的伙伴对我有误解。 _____

7. 如果我的伙伴未能履行诺言，我会觉得对方是故意的，我很介意。　＿＿＿＿

8. 我的伙伴会认为我所做的事情缺乏对他的关心，尽管我的本意是好的。

这让我很沮丧。　＿＿＿＿

9. 我担心我的伙伴与我存在根本上的差异。　＿＿＿＿

10. 我会挣扎很长时间才去寻求帮助。　＿＿＿＿

11. 我觉得我的父母并不会喜欢现在的我，也不会为我骄傲。　＿＿＿＿

12. 这段关系中不平等的地方让我受不了。　＿＿＿＿

总分　把每一项的得分加起来，就是你的**不安全感**得分：　＿＿＿＿

如何理解你的不安全感得分

这一测验主要探讨你对人际关系中的差异、复杂性和依恋压力的情感反应。你的不安全感得分越高，这段亲密关系越有可能让你感到难受。

14 ~ 24 分： 较高。你在这段亲密关系中挣扎，这已经使你的情绪不再稳定。当压力事件发生时，你会很快认为你的伙伴不支持你甚至反对你。尽管这只是你的假设，但你通常会对其做出反应，并往往促使假设成为现实。

7 ~ 13 分： 中等。亲密关系会让你觉得有压力。你越依赖某人，就越混乱，越紧张。有时你能真真切切地体会到被困住、孤立无援的感觉，抑或害怕被抛弃的感觉，即使你的伙伴已经在一定程度上给了你保证。

0～6分： 较低。尽管独处让你感到舒适，但当你从交往对象那里得到爱和支持时，你会成为更好的自己。

现在，我们把情绪方面的不安全感放在一边，来看看你在人际关系中主动寻求的安全感。这些题目更多地关注你的信念和行为，而非你的感觉。

评定量表 用量表评定下列表述与你的符合程度。

1. 在一段关系中，平衡相聚和分离对我来说不是什么难事。　　_____

2. 我的伙伴可以根据需要去成长或做出改变，这不是坏事。　　_____

3. 对我来说，向我的伙伴做出承诺并履行诺言，并不是什么难事。　　_____

4. 我需要我的伙伴，就像他们需要我一样。　　_____

5. 如果我和伙伴之间有无法解决的事，我可以耐心等待合适的解决方案出现。

6. 即使我们双方都没有过错，我们也可能发生冲突。　　_____

7. 我和我的伙伴几乎无话不谈。如果有什么事情我没有和他们提到，那是因为我有百分之百的把握相信这对他们来说不是什么问题。　　_____

8. 当我和我的伙伴意见不一致时，我会努力寻找一个双赢的解决方案。　　_____

9. 为了更高效地沟通、听取伙伴的意见，我会暂时搁置我的需求，因为我相信

我的需求最终也会得到满足。 _____

10. 我可以很随性地向我的伙伴提出要求，并且通常都能很顺利地得到满足。 _____

11. 当我和我的伙伴吵架时，我会主动缓和气氛，帮助我们重归于好。 _____

12. 当我决定不再与某人交往时，这个决定通常是彼此认同且经过深思熟虑的。 _____

总分 把每一项的得分加起来，就是你的**安全感**得分： _____

如何理解你的安全感得分

在解读这个分数之前，有件事需要和大家说一下：如果上面这些表述让你感觉不自在，不用担心，你可以通过学习来改善。即使你的不安全感得分很高，你仍然可以拥有安全的人际关系。

18 ~ 24 分：较高。你的关系对你来说是一种资源，其中一部分原因在于，你会尽最大努力确保你和你的伙伴相互关心。当对方表现得不尽如人意时，你通常不会过分苛求，而是会积极处理。如果事情变得棘手，你通常也不会选择与对方针锋相对。较高的安全感得分结合较低的不安全感得分，表示你有一种安全、稳固的依恋类型，这将在第四章中介绍。

9 ~ 17 分：中等。你很重视人际关系，因此你会尽力展现自己最好的状态。你十分清楚该如何处理一段艰难的关系，但是在压力事件面前，你也许完全不知道怎么做。但你同时很清楚，你可以做得更好，因为你所关心的那些人值得你付出努力。

0～8分： 较低。你目前或许很难建立稳定和安全的人际关系。不过，好消息是，按照本书提供的信息进行实践，你可以提高相应的能力，逐步培养健康、令人满意的人际关系。

第二部分：对不安全感的反应方式

这一部分主要探究你将人际关系中的不安全感通过焦虑型反应或回避型反应表达出来的频率。即使在第一部分的测验中，你的分数表明你拥有较为安全的依恋类型，但每个人应对压力的方式都不尽相同，所以这部分测验对所有人都适用。下列每项表述都有两个选项，选出更适合自己的那个。如果有表述与你的人际关系相关，那么请按照你在第一部分测验中设想的对象展开思考。

下面情景中更让你不耐烦的是：

☐ 人们不理解你。

☐ 被迫去做不喜欢的事情，让你有一种受困的感觉。

开始一段比较重要的关系时，对方的什么行为或品质会让你想要结束这段关系：

☐ 不去努力把关系变得更好。

☐ 过于强势或目的性过强。

亲密关系中的冲突有这样的作用：

☐ 让你可以跟对方敞开心扉进行深层次的沟通。

☐ 通常是无益的。

当对伙伴感到不满时，你会：

☐ 坚持向对方表达自己的想法。

☐ 倾向于自己想明白、解开心结。

在这段关系中，让你感到非常糟糕的情况是：

☐ 被抛弃或被拒绝。　　　　　　　☐ 被施压或被侵扰。

在这段关系中，你希望：

☐ 尽可能地与对方心灵相通。　　　☐ 保持一种轻松自然的状态。

当你情绪崩溃时，能缓解情绪的方式是：

☐ 向别人倾诉或发泄。　　　　　　☐ 通过其他事物（如锻炼、工作、阅读等）分散注意力。

有些事情你不会告诉你的伙伴，因为你认为：

☐ 对方知道后会沮丧或生气，从而排斥自己。　　☐ 这是自己的事，对方不需要知道。

你的伙伴很有可能抱怨你，因为你：

☐ 批评对方，挑对方的毛病。　　　☐ 不像对方期望的那样投入这段关系。

分别时，你会感觉：

☐ 悲伤或孤独。　　　　　　　　　☐ 终于有时间独处，松一口气。

当你被伙伴伤害时，你：

☐ 只有在对方满足了自己的需求之后，才会恢复过来。　　☐ 会很快自己恢复过来。

对方在和他的伙伴相处时更让你难过的是：

☐ 不聊任何关于你的事。　　　　　☐ 讲一些关于你的尴尬事。

计分：

请数一下左边这一列中，你勾选的选项数，然后乘以 2，便是你的得分。

_____ = **焦虑型**得分

计分：

请数一下右边这一列中，你勾选的选项数，然后乘以 2，便是你的得分。

_____ = **回避型**得分

上面两项中，如果一项的得分大于或等于 18 分，那么这一项便可能是你表达不安全感的主要方式。如果你两项得分都低于 18 分，表明两种方式都不会显著地支配你的行为，你通常或多或少地将这两种方式的某些成分组合。在后续章节中，我们会专门讨论焦虑型依恋（第二章）和回避型依恋（第三章）。不过，完成了这部分的测验，即使你发现自己仅在其中一种类型上得分很高，我也建议你把第二章和第三章都读完，它们可以帮助你更好地理解自我。

充分利用本书

除了帮助你了解自己的依恋类型和行为倾向，本书还可以帮助你判断身边人的依恋类型。你可以同你身边的人一起研读本书，如果对方在本章依恋测验的第二部分中焦虑型或回避型得分较高，你可以同他一起仔细、深入地阅读相关章节，探索其背后的意义，思考你们可以做些什么。

如果你想收获更多有意思、有意义的知识，最大限度地发挥本书的作用，请继续阅读后面的章节，并按照书中为你规划的内容，完成所有测验和实践。在今后的人生中，你会与不同依恋类型的人建立人际关系：你可能会与安全型依恋的人打交道，可能会与焦虑型依恋或回避型依恋的人共事。本书后续的章节将为你提供理论依据、知识储备和方法论，帮助你理解这些依恋类型。值得注意的是，在同一个人身上，依恋类型存在连续性，即使测验结论表明你总体上属于安全型依恋者，你在焦虑型依恋方面的得分也可能略高。除此之外，与不同的人交往，比如不同依恋类型的恋人，也会使你产生不同的行为倾向。

这些不同的行为倾向，在某种程度上是对相应对象所具有的依恋特征的回应。[1] 相信本书能使你受益匪浅。

本书也提供了许多练习，旨在鼓励你更深入地认识自己和他人。需要注意的是，当你按照书中的内容进行实践时，如果你的经历、人际关系史唤醒了让你不安的记忆，或引发了崩溃绝望的情绪，请立即停止阅读或书写，合上书，站起来舒展一下身体，去做一些让你感觉踏实的事情。你可以放松地扫扫地、散散步、打电话给合得来的好朋友聊聊天，也可以找一个宁静的环境，坐下来，稍稍休息一会儿。你可以在情绪回归平静，或是在向心理咨询师寻求帮助和支持后，再度翻开本书，进一步探索，感受内心对这些内容的反应。

最后，我建议每个读者都允许自己在阅读本书期间时不时休息一段时间，不要尝试一口气读完整本书。请确保你有充足的睡眠、合理的饮食，摄入足量的水，同朋友保持联系，偶尔出去散散步，放松身心，或从当前的工作中短暂地脱离，去做些积极、有趣的事。充分休息不仅会让整个阅读和学习过程更加愉快，也可以帮助你充分融入材料所提供的情境，从而更细腻地感受依恋理论。

---

[1] 当然，即使交往对象是同性别的密友，或是亲人、老师，也能产生这样的效果。要想识别诸如此类的特殊效应，我们还需要对依恋理论及其他心理学分支领域进行深入的研究。——译者注

章节回顾

· 依恋理论简单明了地解释了人们在人际关系中经受的压力来自对他人不同程度的依赖。依恋理论并非对人格的解释。

· 人们对压力的反应源于他们幼时的经历，是其婴幼儿时期对人际关系处理的自然延续。

· 不安全依恋型的个体，其行为模式可能会在人际关系中引发麻烦。

· 本书可以帮助你回顾并分析你对人际关系和压力事件的反应，以探索如何真正实现改变。

第二章

焦虑型依恋

相信你已经完成了第一章关于依恋的测验。如果其中第二部分测验的得分把你归类为焦虑型依恋者，请不要着急，本章将带领你深入学习"焦虑"这一主题，了解其背后的含义，以及你可以为此做些什么。你的得分越高，你就越有可能借由焦虑型行为或心理，表达你对某段人际关系的不安全感。你可以通过辨认与焦虑型依恋相关的特征，借助本章的知识和练习，了解焦虑在人际关系中的体现（无论这种焦虑体现在你自己身上，还是你的伙伴身上）。因此，学习本章之后，你会逐渐接纳自己，包容他人，锻炼社交技能，改善人际关系，培养稳固、牢靠的安全感。

焦虑型依恋的特征

依恋理论关注亲密关系中的双方如何在相互信任的基础上建立安全感。你在依恋测验中的不安全感得分越高，就越难对亲密关系产生持续的安全感和信任，你的焦虑倾向也越有可能对你的亲密关系产生负面影响。如果你的不安全感得分很低，那么通常来说，即使你的焦虑型得分很高，你的焦虑倾向也很少会对你的人际关系产生负面影响。

具有焦虑型依恋的人，通常有如下表现。

- 对自己所关心的人极其慷慨和体贴。
- 能很敏感地察觉自己关心之人对待自己的态度变化，担心自己会被抛弃。
- 倾向于向自己关心的人倾诉感受。
- 倾向于将自己的负面情绪归咎于他人（如"是你让我变成这样的""是你逼我这样想的"）。

焦虑型依恋者最大的恐惧便是被自己所关心的人抛弃。在交往过程中，即使有什么非常细微，细微到旁人根本注意不到的东西触发了这种恐惧，他们也会非常惶恐。他们可能并不吝啬对自己所关心之人表达需求，尤其是情感方面的需求，但他们沟通的方式却可能把那些能够给他们提供支持的人越推越远。随后，无助和绝望之感几乎接踵而至，以至于在对方做出反应之前，他们便会"先发制人"地表达对对方的失望。很多时候，即使焦虑型依恋者自身正处于迫切需要帮助的处境，他们寻求支持的方式也总是会轻而易举地令人厌恶或惊恐。

我从事心理咨询已有多年，我在职业生涯中也遇到过一些焦虑型依恋者。下面，让我们来看看焦虑型依恋者都有哪些典型表现。为保护来访者的个人隐私，我将本书收录的案例中所有人物的可识别性细节特征都进行了模糊处理或更改。

> 阿莎 20 岁出头，发现自己的生活陷入了怪圈：每次交到一个好朋友并逐渐与对方变得亲近后，对方往往会在几年内和她分道扬镳，其原因无非是她的坏脾气或是她的嫉妒心——因为她总觉得那个朋友交往了其他朋友，或与旁人分享了兴趣爱好，而不是她。

> 诺拉的丈夫达米安是一名消防员，工作起来要轮 48 小时的班。达米安在家的时候，夫妻俩相处得非常好，但他不在家时，诺拉总会感到不安和沮丧。

她时不时给丈夫发短信，问他在做什么，有没有想自己，什么时候回家。如果达米安没有在几分钟内回短信，诺拉的焦虑就会加剧。

布鲁诺是一个性格外向的人，他刚结束一段混乱又令人焦虑的感情，就开始和别人约会。在以往的感情关系里，对方刚开始向他示好，他便不自觉地一下子进入"全力以赴"的状态，不惜为对方付出自己的一切，但这样反而会使对方不敢承受，继而逃之夭夭。经过反思，他逐渐担忧起来，告诫自己"不要重蹈覆辙"，并开始塑造一个充满激情、富有表现力的自己。

记住，依恋类型在一个人身上会以一种谱系形式表现出来，许多不安全型依恋者会在不同的交往对象面前、不同的时间段内，分别表现出焦虑和回避两种模式。在本章中，你可能还会看到生活中一些重要人物的影子，比如你的父母、前任或现任恋人等。

自我感知

下面的内容和练习旨在帮助你识别自己在与人交往时的焦虑倾向。不妨摒弃指责或批评的念头，抱着一种对自己和自己所处人际关系进行探究的态度，带着问题和好奇心阅读。保持开放和包容是自我认知的最好方式，它让我们了解自己身上那些曾被忽略的信息，激励自己改掉不利于自己的行为模式。

焦虑型依恋是什么样的感觉

焦虑型依恋者通常有着相似的经历。在阅读本章时，请思考一下：书中的描述与你在人际关系中的经历有哪些共同点。有一两个方面跟你的情况不那么吻合也没关系。

如果你发现有些方面跟自己几乎完全一样，也不必担心，至少现在你知道自己并不孤单，知道这世上有很多比你情况还糟糕的人也在努力，这或许可以给你带来些许慰藉。下面这些描述在焦虑型依恋者的行为模式中非常常见。

如果你有焦虑型依恋，你可能会倾向于依恋或依赖他人，尤其是处在恋爱关系中时：有一个特别的人愿意聆听你的倾诉，与你相互扶持；对方的存在让你备感安心。你或许会期望你的理想伴侣能够精准地读懂你，深入你内心深处。因此，对你来说，在一段新的关系中，最重要的是对方能够真正地理解你，也只有真正理解你的人才可能与你建立长久、稳固的关系。反之，如果对方并没有像你期待的那样体贴你、照顾你，或者总无法精准地理解你，你就不太想将这段关系继续下去。

一旦你认定了某个人，这往往会成为麻烦的开始。这个人或许一开始看起来很有希望成为能够照顾你、理解你的伙伴，但你迟早会发现，对方时不时也会漏掉节拍，比如没有注意到你的情绪细节，忘了在节日时送你礼物，或者因其他事情分心而忽略了你……这样的事发生得越多，你便越在意，并逐渐强化一个观点：人心难测，看起来很在意你的人，其实并没有那么在意。从小你就一遍一遍地在心里排练这一流程，时刻提醒自己，想依赖某人时会发生什么。你内心有一个声音："我需要他们，但他们最终还是会让我失望。"

一种强烈的欲望驱使着你迫切和他人建立亲密关系，这通常意味着你会过度关注他人，把他人放在首位，以致不可避免地搁置自己的需求。但你在慷慨待人的同时，也真真切切地感到不快。你不吝给予，只是在内心深处渴求尽可能紧密地与对方联系在一起，希望对方也能够真心地为你付出。

当你开始在这段关系中感到焦虑时，你便已经深切地品尝到被伤害的滋味——即使一点小事，也足以拉响你心中的警铃，告诉你"你所害怕的背叛和疏离最终还是悄然发生了"。这时，你的无助和失落会像潮水一样，一遍遍拍击着你的心。你真真切切地需要某人为你提供心灵上的支持。在发呆时，你想"这时如果有人在我身边该多好"，但同时你的思绪又仿佛在翻涌，因为你怀疑，你爱的人究竟会不会"屈尊"陪在你身边。你不禁回想自己在这段关系中付出的努力，但无论如何付出，你所渴望的亲密关系似乎总是遥不可及。

每每想到这些，你的痛苦就又多了一分。你可能也不止一次地对自己说："我真的不知道该怎么办了。"

焦虑型行为模式在被充分释放后，便会反客为主，不受控制地威胁你们的关系。你会发出最后通牒，说一些让自己后悔的话，比如"我恨你""干脆分手算了""你根本不在乎我"，等等，或做一些会让自己后悔的事。其实这并不会让你感觉多痛快，但在当下，你认为自己别无选择。你极力表现出痛苦，希望对方注意到，给你创造或者提供哪怕一点点安全感。但事实上，这样的行为会把对方压得喘不过气，你会把关心你的人越推越远。

不过，危机终会过去，你也终会把乱麻一般的心绪梳理好。但反复经历这一过程，会让你对这种相处模式习以为常，并逐渐在脑中强化一种假设：所谓爱人、伙伴，都是靠不住的，没有人会真正关心你、在乎你。当然，你仍然渴望与他人建立亲密关系，但你不知道是不是因为自己太过渴望，以至于没人愿意和你打交道。你知道自己对感情有较高的需求，但在相处中，你为对方付出的也同样超乎寻常。

依恋理论告诉我们，这种付出与渴求的行为模式并不是与生俱来的，而是后天习得的，即使你自己也觉得它不好。并且，这种行为模式的习得与内化通常发生在人年幼时一些不那么恰当的时机。例如，有的人可能自小就不得不为遇到困难的父母分担压力。这相当不公平，但幼年的孩子必须依靠他人生存，别无选择，只得顺从。然而从发展的角度看，在你有充足的资源和能力照顾自己之前却不得不去照顾别人时，你的动机其实是一种对生存的焦虑，这种焦虑会潜移默化地成为构建你人生中关于爱、需求、付出与收获的蓝图。

这样一来，在亲密关系中，你便经常扮演救援者的角色，你会欣然为对方做事，过度付出，但同时你也会过度要求。

你可能有这样的记忆：父母对你缺乏关心和照顾，让你闷闷不乐。但在成长过程中，至少有一个人给过你关心，不管是奶奶、外婆还是家里请来的保姆阿姨。在成长的重要时期，他们会以一种特别的方式出现在你身边，让你体会到真正被人关爱的感受。这些经历隐含的矛盾告诉你，爱并非恒常事，当你最需要爱的时候，你没法指望那些能给你关爱的人恰巧就在身边。如果你在一个人身上无法得到恰到好处的关爱，那么当你去和另一个人建立亲密关系，并越来越依赖对方时，矛盾会再次出现。这种恶性循环让你愈发无助。

上面的描述能否反映你的情况

请记住，世上不存在完全适用于所有人的描述，上述内容只是对相应特征的概括，请灵活运用。如果你在第一章中测得的分数表明你具有焦虑型依恋，那么你可能已经在阅读时找到了自己的影子。请回想你所经历的亲密关系中最重要的部分，再看看上面的描述，然后考虑二者的相符程度，并打分。请圈出与你的情况相对应的数字。

哪些描述最符合你的情况?

_____

_____

_____

_____

_____

焦虑型依恋在人际关系中的表现

焦虑型依恋，因人在依恋关系中的不安全感触发了焦虑型行为模式而得名。焦虑型依恋者并非故意有如此表现，他们只是在以自己的方式回应痛苦。他们也许知道，也许不知道自己有这样的行为模式。一些特定的事件可能会让他们马上变得挑剔和粗暴，他们的言行也会伤人。他们会冲动行事，甚至不惜以这段关系为要挟，这导致他们为了维持关系稳定、强化情感纽带而做出的努力都将付之东流。

焦虑型依恋者有时会自相矛盾。他们需要你的支持，但当他们的悲伤情绪被触发时，他们会感到无法言表的沮丧，几乎无法与人正常相处。与焦虑型依恋者在一起生活往往会多出很多波折，他们的焦虑滋生了一个循环：他们会慷慨地付出，然后怨恨自己的付出没有回报，接着会抱怨，继而产生情感需求，当需求被暂时满足后，他们又欣欣然地准备好了再次付出。

当他们习惯了通过责备、愤怒、自责或唠叨来让自己的需求得到满足时，他们很少能够意识到这样的方式会给周围的人带来多大的压力。这种压力如同火星儿，以他们之间的

"关系资本"为薪，熊熊燃烧。而这些"关系资本"，原本是双方用善意共同建立的桥梁，是使双方共同克服挑战、渡过难关的粮草。婚姻研究专家约翰·戈特曼（John Gottman）通过研究确定，亲密关系双方每一种消极的情绪或互动的影响，至少需要积累 5 种积极的情绪或互动才能抵消，从而使双方的关系逐渐恢复平衡，回归先前那种愉快、健康的状态。在这个过程中，其中的一方可能会退让，因为他们可以从付出和妥协中受益——这也不失为一种强化双方关系的积极方式；但他们也可以只是因为感受到另一方态度中的胁迫而屈服。

这种或恃宠而骄或逆来顺受的方式，尽管在短期内可以达成"会哭的孩子有奶吃"的效果，但因过于苛刻，依然会让维系双方关系的"关系资本"燃烧殆尽。

上面提到双方消极与积极情绪的动态平衡，对乔治和塔尼娅夫妇来说，是一场旷日持久的拉锯战。二人在一起已经 8 年了。他们的工作压力都很大——乔治在学术界，塔尼娅是一个律师。平时，乔治会先到家，几小时后塔尼娅才下班回家。一天的工作后，乔治很想和妻子聊聊天，但塔尼娅只想惬意地吃顿晚餐、看部电影来放松一下。塔尼娅感觉到了乔治的焦虑，而此时，她行为中更具回避倾向[1]的部分显现了——她下意识地想拖延或想办法推迟与乔治的交谈，因为她知道，乔治总是一说起来就没完没了，她简直像在听一场晚间汇报。渐渐地，她会在回家的路上驻足于某家杂货店，或索性一进门连鞋子都不换就牵着狗出去散步。

当她好不容易"有空"听乔治讲话时，乔治又会感到沮丧，甚至会有些苛刻地抱怨："你根本没在听。"塔尼娅对此非常反感，但还是忍了下来，否则一场激烈的争吵将在所难免。

从乔治的视角看，他并非无理取闹，也不是故意让塔尼娅难受，相反，他也在尽力地拉

---

[1] 塔尼娅可能是回避型依恋者，当然也可能不是。关于回避型依恋，我们会在下一章中详细了解。——译者注

近二人的距离。他认为，塔尼娅只有专注地倾听，二人才能够更好地相互理解。他只是用了一种他更熟悉也自认为很自然的方式，去表达内心的需求，他不知道这恰恰适得其反，因为他并没有意识到这种行为在塔尼娅眼里代表什么，也没有意识到这会给他们的关系带来极大的压力。他们表面上风平浪静，但内心暗流涌动、积怨已久。这种暴风雨前的宁静，耗费了二人大量的"关系资本"，久而久之，双方都没有足够的动力通过积极的互动重建关系。

当焦虑不受约束地浸淫一个人的言行时，这段关系便如同紧绷的弦，或一触即发，或疲而断裂，双方的"关系资本"也将随着紧张的局势带来的精神内耗一起沉没。这段关系也许不会马上终结，但双方内心的距离终会因压力增加而越来越远，关系的质量也将急剧下降。

描绘你的焦虑型依恋模式

接下来，让我们看一看下面的练习，它将帮助你理解焦虑型依恋及其特征行为的真正含义。这些练习会指导你深入挖掘一段或许不那么愉快的经历，但其目的是帮助你理解这种依恋模式是如何在你的亲密关系中发挥作用的。

1. 想想人际关系中发生的让你感觉不自在或很糟糕的事，思考一下是什么触发了你的负面情绪。可以参考下面的例子。

我吃坏了肚子，所以开会迟到了，老板很生气。
我的伙伴在别人面前取笑我。

触发我负面情绪的事件：

_____

_____

2. 人们之所以觉得某些事很伤人，是因为每个人内心深处都有痛点，每个人的软肋都是不同的。现在，请聚焦你刚才提到的经历，分析一下其中的细节，你觉得对你来说最糟糕的部分是什么？

_____

_____

_____

可以参考下面的例子。

> 我仰慕的人并不欣赏我。
> 我还没来得及解释，就有人生我的气了。
> 我为自己帮不上忙或无法改变一些事而感到惭愧。
> 我觉得自己什么都做不好。

对我来说，这件事最糟糕的部分在于：

_____

_____

很不错，你已经迈出了很重要的一步。日常生活中很少有人能以一种近乎好奇的态度，仔细剖析自己过去的感受和经历，并分析它们为何会对自己产生独特的影响。这对你来说无疑是一件好事，因为我们只有理解了自己的感受因何而起，才能把它管理得井然有序。

接下来还有一个练习，虽然是道可选题，但对理解这种感受在你一生中的发生和发展非常有帮助。下面是一个时间轴，代表从出生到20岁的时间跨度。人生中前几十年的经历，对我们起着极其重要的构建和塑造作用。在这段关键时期，如果没有人帮助我们处理生活中的难事，那么我们的所思所感很有可能会潜伏在思绪深处，在不知不觉间影响我们日后对待自己、与他人交往的方式。

先来回想一下你人生中前20年的生活。你第一次出现上文记录的那些感觉是在几岁时？第一次有类似的经历是在几岁时？如果这个年龄小于20岁，那么请用一个 × 把这个年龄在下面的时间轴上标记出来。

1	2	3	4	5	6	7	8	9	10	11	12	13	14	15	16	17	18	19	20

年龄

那些事件之所以能够引发如此强烈的感受或情绪，大多是因为这些感受或情绪源自你人生早期的经历。你标记 × 了吗？如果标记了，不要担心，这很正常。现在，以 × 为起点，沿着时间轴向年长的方向前进，在有过相同感受的年龄处再标记一个 ×。

请放开思绪，尽可能多地回忆，至少画上 3 个 ×，越多越好。这些感受产生的场景可以是家、学校，也可以是会议室等。

标记完后，放下笔，深呼吸。你现在看到的，是这种独特的感受或经历在你生活中留下的遗产。好了，接下来，请看着这个时间轴，思考下面的问题。

1. 这个被若干个 × 装饰的时间轴看起来怎么样？你的 × 标记是集中在某个年龄段，还是均匀分散在整个时间轴上？
2. 标记的结果有没有让你感到意外？
3. 有没有哪段人际关系让你更多地体验到了这种感受？
4. 有没有什么人或事，曾帮你更轻松地度过充斥着这种感受的时光？

对他人的感知

在感到压力的时候，每个人都会表现出独特的依恋风格。想要完全搞明白焦虑型依恋，仅了解自己还不够，我们还需要了解与自己相处的人具备什么样的依恋模式，这样我们便有了处理双方冲突、避免误解的绝佳机会。我们将在第五章探讨不同依恋类型的人相互配对产生的所有情况。现在，我们先来看一看，如果你所交往的人也是一个焦虑型依恋者，你会有什么样的体验。

与焦虑型依恋者交往是一种什么样的体验

与焦虑型依恋者交往的感觉，很像银行柜员同愤怒的客户打交道。形成焦虑型依恋模式后，人的表达欲会增强。人会很擅长通过口头语言或实际行动让你知道他们有多不快乐。他们的抱怨可能非常合理，但极有可能伴随着愤怒或刻薄，着实让别人很难用善意回应。如果在这段时间内，你恰好不得不独自一人面对对方的焦虑，这种情景就好像银行柜员孤零零地在柜台面对熙熙攘攘的客户，手足无措，情绪低落。如果你也有过被不公平对待的经历，你甚至可能会感到被胁迫，仿佛别人在利用焦虑来虐待你，让你不得不乖乖地满足他们的需求。

即使平常很擅长处理人际关系，你也会发现，与焦虑型依恋者发生冲突时，你很难维护自己，很难让自己在冲突中站稳脚跟。焦虑型依恋者通常很没有安全感，他们往往更善于表达或争论 [1]。其实，他们的口若悬河是在掩饰，因为沉默常会让他们更加焦虑。

如果你爱这个人，你的内心可能有一个声音告诉你，你真的需要做些什么来为他提供心灵上的支持，但另一个声音又说："凭什么，他现在没那么可爱，甚至还有些讨厌，不是吗？"又或者，这个人的行为也在无形中给你施加了压力，触发了你与依恋相关的行为模式——你非常依赖对方，但他对你非常冷酷。

大多数人的反应可以被归纳为以下两种：第一种是想尽一切办法，努力让焦虑的爱人开心；第二种则是逆来顺受，淡漠或不动声色地远离对方好让自己不受伤害。当然，这两种方法都无法长久持续下去。第一种反应的人缺乏觉察能力并且很容易丧失底线，让自己筋疲力尽。第二种反应的人并没有真正解决问题，久而久之只会雪上加霜，让原本焦虑的人更加焦虑，并再次强化其负面观念。

从长远角度看，人们可能会觉得焦虑型依恋者始终处于消极状态，无法得到情绪上的满足。尽管你已经尽可能地满足对方的要求，他们却依旧抱怨个不停。

下面是我常听到的人们对焦虑型依恋者的评价。

- 他们很容易生气，总是很刻薄、很挑剔。
- 他们很难满足，总觉得有什么地方不对劲。
- 他们非常难伺候，我很难打理和维护跟他们的关系。

焦虑型依恋者的行为，有时也会成为压垮骆驼的最后一根稻草——在你情绪低落时，对方的焦虑型行为模式会让你对这段关系的信心急剧下降。如果这种事情频繁发生，你会

---

[1]　根据他们的经历，很少有人会真正站在他们这边，他们通过这种方式"据理力争"。——译者注

开始怀疑你在这段关系中的付出是否值得。这种想法对那些同焦虑型依恋者交往的人来说很常见。不过，如果你确实想挽救这段关系，你也可以做一些事来保护自己，使自己不至于精疲力竭。

关系倦怠

第一步，趁自己还不需要费心修复这段关系的时候，准确地了解目前发生了什么以及这段关系正处于何种状态。你需要为自己画一条"安全线"，告诉自己："你已付出太多，你已筋疲力尽。"你要学会识别这些迹象，把控你的精力，设定安全边界，不需要时刻猜测对方的状态，也不需要责怪对方不好的行为。

下面列举了你在处理与焦虑型依恋者的关系时可能出现的情况。如果它们偶尔发生，请在前面的横线上打一个钩；如果经常发生，请打两个钩。

_____　批评自己或批评对方

_____　心绪全都放在对方身上

_____　从正在做的事上分心，比如工作

_____　忘记锻炼或没兴趣锻炼

_____　忽视了好好吃饭

_____　失眠

_____　对自己原本很喜欢的活动失去兴趣，比如看电影、散步、遛狗

_____　觉得自己没有足够多的时间同别人相处，顾不上社交

_____感到怨恨

_____感到精疲力竭

_____感到沮丧和压抑

_____感到很焦虑

_____感到失去自我、迷失了方向

_____感到害怕或恐惧

_____觉得自己必须处于"时刻待命"的状态，随时准备应付对方

_____感觉自己无法拒绝对方的要求

_____察觉到身体的异样，比如头痛、紧张、麻木

_____其他 _____

这些标记可能意味着你已经达到某种极限。如果放任情况继续下去，它可能会对你产生消极影响，最终导致你们关系恶化。请尽可能解决这些问题，保证自己有足够的闲暇去锻炼身体，每天好好吃饭。当然，必要时，请一定要向心理医生寻求帮助。至于那些解决起来有些难度的问题，比如紧张或怨恨的情绪，同样也要学会设立"安全线"，将其视为一种早期信号或是否行动的标准。它们在提示你，是时候与亲密关系中的另一方讨论如何做出改变了。

面对他人的焦虑型依恋，我们应该如何应对

读到这里，你应该发现，焦虑型依恋者在一段人际关系中的行为反应大致可以被归纳为两点：对被抛弃的恐惧和对自身的情感需求能否得到满足的怀疑。他们的行为模式在

某些时候或许会让你诧异，因为你可能觉得这段关系不算很糟，但相对于你对这段关系中"危机"的感知，对方的反应却似乎总是过激，他们的表现甚至会让他们自己觉得诧异。

不过，重要的是，我们知道，当我们关心的人通过一种不那么令人愉快的方式对这段关系中他们所感知到的不适或被遗弃感做出反应时，我们需要告诉自己："他们不是故意的。"他们甚至都不知道，自己的行为能对你产生这么大的影响。大多数人并不能意识到他们遭遇过什么，他们只是用他们熟悉的方式去表达自己，并试图满足自己的需求。

来看看下面这个案例中，汤姆是如何帮助他的伴侣桑德拉管理焦虑情绪的。

桑德拉和汤姆在 5 个月前订婚，最近搬到了一起，开始了同居生活。想到自己终于能和汤姆一起生活，桑德拉感到很高兴，但总有一种想要依赖汤姆一辈子的想法，这引发了桑德拉的焦虑型依恋模式。渐渐地，她的心情变得糟糕，这种无名的糟糕情绪逐渐转为对汤姆的苛责。桑德拉开始抱怨，甚至说汤姆"懒散""邋遢"。桑德拉总是让汤姆来打扫房子，但如果汤姆的打扫成果不合她的意，她便会批评汤姆。汤姆对此习以为常，因此也没有做什么事情来改善。每当桑德拉要求汤姆做什么，汤姆只是默默地照办，耐心地等待迟早要出现的抱怨，然后在桑德拉批评他时安静地忍受。

后来，他们找我进行咨询和治疗。在治疗过程中，他们很乐意尝试以不同的方式对待对方。首先，在家务方面，双方都同意由汤姆拖地，只不过换了一种沟通方式。

每当汤姆拖完地，他都会问桑德拉："这周的地板看起来怎么样？有没有比往常干净一些？"显然，桑德拉并不满意，她说："我觉得没有。"

"那具体来说，哪些地方还不够好？"汤姆耐心地追问。

"我仍然能看到角落里的灰尘。"桑德拉说,"你还是不够认真,我就知道你做不好。好了,还是要我重新打扫一遍。"

"等等,"汤姆斩钉截铁地回答,"你别做,让我来,拖地是我的任务。你只需要告诉我效果如何、哪里不好就够了,剩下的活儿由我来做。放心吧,接下来的几天你肯定会满意的。"

桑德拉终于松了一口气,感觉比从前轻松多了。虽然地板短期内仍然不符合她的标准,但至少现在汤姆用实际行动告诉她,她可以指望汤姆把这件事做好了。

在这个互动案例中,汤姆充分了解到桑德拉的焦虑型依恋模式被激活的原因,所以他能够把握主动,引导桑德拉安定下来。汤姆也不再逆来顺受、默默服从和容忍,而是积极给予反馈,通过给桑德拉发出善意的指令("你别做,让我来"),并给桑德拉设定一个可以预见的期望("接下来的几天你肯定会满意的"),从而建立了一种新的相处模式。想必,这对他们二人都颇有成效。

如何缓解依恋中的焦虑

看完汤姆和桑德拉的案例,再来看下面这项练习。它可以帮助你认识到,你与焦虑型依恋者发生的冲突都是如何产生的,以及应当如何更好地理解对方、化解冲突。想一想你生活中的某个人——他有时会相当刻薄,并倾向于用苛责的方式表达情感需求。当他做出这样的行为时,你会有什么反应?

_____

_____

而对方通常又是如何回应的?

_____

_____

写下双方的互动,或许能让你确定和对方的相处模式,接着再想想,在应对这种焦虑型依恋时,哪些行为可能会更有帮助、对这段关系的持续发展更有益。下面是一些建议,它们可以指导你去帮助、陪伴你的伴侣克服恐慌和焦虑。

如果其中一些建议你尝试过(可能无效),也请在前面的方框中打上钩。

☐ 做出保证。"我就在这儿陪你,我哪儿也不去。"

☐ 以合适的方式拉近双方的距离。如果对方是你的恋人或配偶,那么充满爱意的抚摸和拥抱可以有效平复对方的情绪。如果对方是你的朋友、同事,你可以靠近一些,通过眼神交流,并送以善意的微笑;在恰当的情境里,你也可以轻轻地握住对方的手。

☐ 把握主导权。处于恐慌状态的人更容易理解短句,清晰简单的指令可以有效地帮助对方找回节奏,管理情绪,例如,"别着急""慢点""告诉我些好消息""咱们先思考一下"等。

☐ 调整对方的期望。"我们先暂停几分钟,冷静下来,再去谈那个问题。""我们可以先把这件事做完,再仔细想想应当如何解决那件事。"

☐ 询问对方,要求对方提供具体的反馈。"这次谈话你感觉如何?有没有什么地方需要调整?"

上述这些建议，对不同的对象会产生不同的效果。对方再产生焦虑行为，你会尝试哪些建议？请结合自己的人际关系的实际情况，灵活地调整或改进应对方法，并把你的打算写在下面。

_____

_____

学会接纳

阅读这本书的你能有这样的勇气和好奇心去深入了解依恋中的不安全感，探索人际关系中的焦虑型依恋模式，这非常难得。通过前面的内容，你已经知道与依恋相关的焦虑型反应之所以会被触发，部分原因是焦虑型依恋者依赖某人却又对双方关系中的不确定性因素产生了怀疑，并催生了不安全感。这些反应反过来给关系带来不必要的压力，阻碍了亲密关系进一步发展。掌握了这些，我们下一步要学习的是如何建立接纳的态度。

接纳自我

人的大脑更倾向于接受自己喜欢或熟悉的事物，会有意无意地忽视自己不喜欢或不熟悉的。这是正常的生理特性，但也导致我们很难适应与某人共同经营的新生活，很难接受刚了解的、关于自己的、不那么令人愉快的真相。我们甚至会下意识地排斥这些新的体验或信息，哪怕这种排斥并不利于我们改善人际关系。

为了给新生活腾出空间，我们必须有充足的动力去做出改变，不然可能无法顺利投身新的工作或生活、接纳新的信息或现状。因此，我们要学会接纳自我，将那些用来抵制或逃避新事物的精力转化成帮助我们以更有效的方式学习的动力。

"画"出你的感受和情绪

情绪既有心理上的表现，也有生理上的表现。人们可能会抗拒其中一种甚至两种表现。可情绪毕竟也是人的正常反应，宜疏不宜堵，为了更好地接纳这些情绪，我们可以尝试将自己的注意力引导至我们身体的某一特定部分，尤其可以尝试建立与某种情绪相关的特定躯体感觉，这可以帮助我们更好地管理情绪。比如，愤怒是一种非常强烈的情绪，不妨试试下面这个练习，看看它是否可以帮助你疏导愤怒的情绪。

先回想一下，上次对身边的人生气是什么时候。你能察觉愤怒的存在吗？哪怕只有一点点？你觉得它藏在你体内的什么地方？（例如，在我的胸腔里面。）

_____

_____

接下来，请把你的情绪具象化，想象这种感觉的大小或形状。它的温度是高还是低？它有没有颜色？它是沉甸甸的还是轻盈的？（例如，它像一个不停旋转、四处乱蹦的球，好像卡在了我的胃里。）

_____

_____

它是什么时候出现的？（例如，它是在 1 小时前，在我得知事情不能如我所愿时出现的。）

_____

_____

你可以用笔画一个草图，把你感知到的情绪标记在身体的相应部位。

现在，深呼吸，你甚至可以尝试用想象力描绘自己的愤怒情绪是如何在体内逐渐具象化的。不过，你也需要知道，这些与情绪关联的感觉有时在身体内部，有时不在。你需要在内心逐渐熟悉、强化这种关联，告诉自己"没有必要抗拒自己的情绪"。每当一种特定的情绪出现，你都应该尝试去体会相应的躯体感觉，试着接受它的存在，并始终对其抱有一种开放甚至好奇的心态。久而久之，即使压力事件触发了你的焦虑或其他情绪，你都不会再害怕情绪对你的影响，即使是最强烈的情绪，也能被你有条不紊地疏通、化解，你也能与之和谐相处。

自我关怀

当你意识到自己的行为的的确确对过去的某些人际关系造成了影响，你也可能会更加清楚地意识到自己给别人带来的伤害，无论大小。

或许以前的你不知道自己存在焦虑的行为模式，或许你知道，但认为这种焦虑有其存在的必要性，现在你可能已经明白，焦虑会给你在乎的人带来负面影响，会对你全心全意投入的人际关系造成破坏；你也充分地了解到，你的痛苦是如何在无意中伤害你所关心的人的。是时候改变这种状况了。也许你已经尝试做出改变，但并没有起作用。那么现在，与其盲目地憎恨自己，或无情地自我抨击、自我封闭，不如先鼓起勇气回忆那些过往，看看你的努力究竟为何不起作用。

如果你打算这样做，自我关怀能为你提供很大的帮助。自我关怀意味着你要以感性的心态看待自己的困难和痛苦，并宽慰自己，体谅自己，真诚地帮助自己，关怀自己。

不妨尝试一下这种新方法，下面是一些参考步骤。想象你做过的让自己后悔的事，或者说过的让自己后悔的话。闭上眼睛，回忆一下，它们发生在你几岁时？把当时的场景想象成拍电影，想象摄像机聚焦在你身上，专门拍摄你的特写镜头。现在，从摄像机的视角观察你做出那些事或者说出那些话前，正在做那些事或说出那些话时，以及做完那些事或说出那些话后，脸和身体的细微变化。留意整个场景中，你一连串的情绪和神态变化——有没有出现伤心、恼怒、沮丧、恐惧、失望、绝望或轻蔑的表情。接下来，继续观看，直到整个场景结束。场景中的"你"随着记忆的淡去而逐渐静止，画面定格在你身上。现在，把一只手放在胸口，正视场景中"你"的眼睛，讲出以下内容。

- "我看到了，我知道，你和其他人一样痛苦。"
- "希望你能够每天开心快乐。"
- "愿你不再痛苦。"

任何你认为场景中的"你"需要听到的话，你都可以这样讲出来，以便让自己知道，你当下的难处并不是无人问津的，你也并非不被人关怀。

好了，现在，继续想象，画面继续动起来，你刚刚对场景中的"你"说的所有善意和关心的话语都进了"你"的耳中。这些话会产生什么影响？会不会让"你"感觉如释重负？

_____

_____

如果你觉得这样做很别扭、抹不开面子、尴尬、不自在，甚至有些反感、焦虑，那可能是因为你已经适应了以消极的行为回应自己做出的不好的事，习惯了在对自己不满意时无情地审判自己、批评自己甚至谴责自己。当然，这些都是非常常见的反应，只不过，对焦虑型依恋者来说，自我谴责只会导致焦虑加重，催生更多的不安全感，不利于安抚情绪、治愈创伤。

在以后的日子里，请继续练习，并逐渐尝试用自我关怀的方式接纳自己。你可以查阅相关资料，去了解如何进一步开展这种自我治愈的练习。

接纳他人

接纳自我只是和焦虑型依恋和谐共处的一部分，另一部分则是接纳他人。要接纳他人的依恋类型，你需要以开放的眼光看待现实：你需要了解他们是如何体验这个世界并对各种各样的事件做出反应的；你也需要对他们表达关怀，而不是评判他们。当你能以足够包容的心态对待他人时，你便可以更充分地理解对方，并在此基础上进一步加深你们的关系。

当然，包容他人的焦虑型依恋及相关行为，并不表示你必须接受他们所有的行为，尤其是那些影响你们之间关系的行为。有时候，接纳他人的焦虑，仅仅意味着你需要不断提醒自己，对方的焦虑型依恋模式并非因你而起，也与你无关，因此你也无须感到内疚。下面的案例能够帮助你更好地了解如何接纳对方。

韦罗，一个单身妈妈，独自把女儿多米尼克抚养成人。多米尼克现在 20 多岁了，父亲已去世多年，但她注意到，自从自己离家上学，妈妈给自己打电话的频率越来越高，并且一直指望自己能提供生活和情感上的支持。起初，多米尼克并不介意，作为生活在美国的二代移民，她和母亲都无依无靠，她认为，照顾母亲是她义不容辞的责任。

但好景不长，几个月后，多米尼克的挫败感越发严重，她的母亲总是在内心设定对她的期望和要求，但不会直截了当地向她表达，而是希望多米尼克能够精准地猜到，并主动多付出。在外上学的多米尼克每周都回一趟家照顾母亲，却依然无法满足母亲的期待，母亲还想让她在空闲时间里也住在家里陪伴自己。

多米尼克不知道如何拒绝母亲，一想到母亲只能孤独地待在家里，她就感到很难过。此外，当多米尼克在家的时候，她的母亲总是对她的生活和工作持批评态度，这让多米尼克很反感。很快，多米尼克变得没有耐心，逐渐无法忍受，不知道如何摆脱。

不过，现在多米尼克有了一个好办法。她不断提醒自己，母亲的这种掌控行为并非因她而起。在此基础上，多米尼克更清楚地了解到，她母亲的种种行为都是由其依恋类型引起的。认识到这些事实后，多米尼克便逐渐理解并接受自己和母亲生活中发生的事情，也更容易接纳母亲了。

多米尼克曾因无法照顾好母亲而内疚，但母亲的状况实际上是由母亲和逝去的父亲过去的经历造成的，这些经历都与多米尼克无关，因此她完全无须感到愧疚。一从这种先入为主的负罪感中解脱，她马上觉得，自己的防备逐渐卸了下来，更能在保持自我边界感的同时，有效地安抚母亲的情绪。多米尼克正是因为学会了接纳母亲的焦虑型依恋，才逐渐从压力和困顿中解放，她的母亲也得到了需要的帮助和关怀。

体会不安全感

读到这里，你已经了解了很多关于焦虑型依恋的信息。下面是一个关于同理心的练习，你可以借这个机会去思考如何共情，更重要的是，去设身处地地体会焦虑型依恋者的境况，并尝试理解他们。

很多焦虑型依恋者都说，一个触发他们焦虑的核心条件，是他们体会到一种不确定感——也许是他们的伙伴对他们不再关心，或伙伴对他们的关注和照顾不如往日。对一个在情感上依赖他人的人而言，这些的确可以影响他们的心态。

想象你生活中每天都非常依赖的东西或者你的精神支柱，可以是自己翘首以盼的工资或年终奖，可以是温暖的家，甚至可以是像日出这样简单的事物……无论如何，它们都是你的寄托。写几句话，表达一下你的想法，你会对它们心怀感激吗？为什么？

我每天都心怀感激期盼的事：

_____

_____

当我想到它们是如何充当我的精神支柱时，我觉得：

_____

_____

现在，想象一下，这些事发生了变化——一些不可抗的因素突然出现，导致你刚刚写下的东西不再按其原有的方式运行了。你盼星星盼月亮，终于盼到它出现，可现在你的震惊和失望无以复加。如果你刚刚写下的答案是工资，那么想象自己的工资神秘莫测地减少了；如果你写下的答案是自己的家，那么想象你回到家，发现自己的钥匙打不开门，断在了锁芯里，甚至连锁孔都插不进去，好像锁孔的形状发生了变化；如果你期待的是太阳升起时的舒适和惬意，那么只需要想象夏令时是怎样以一种捉摸不透的计算方法被施行的，当然，你也可以想象，你所在的地区莫名其妙地出现了极夜……

每一次失望，都会让你想起你对其所带来的片刻温暖的期待。它们曾是你精神的慰藉。

现在，当你想到这些新情况的时候，有什么感受？

_____

_____

现在，再想象一下，你要和你关心的人共进午餐，而你正处于这种感觉之中。那么，这次午餐和平常会有什么不同？

_____

_____

好了，现在你可以体会到你所关心的焦虑型依恋者的感受了。当然，在上面的练习中，你的设想和他们的实际感受还是有一些区别的。他们的不安来自他们不知道能否依赖你，与此同时，你又是他们所能依恋的为数不多的对象。

健康的沟通和交流

正如前文提到的，接受你自己或你伙伴身上体现的不同依恋类型，并不意味着你必须接受与依恋相关的行为及其在你人际关系中产生的影响。请具体思考你有哪些与依恋相关的行为模式，进而，你便可以确定自己对亲密关系中的依赖感是否存在焦虑倾向，你也可以逐渐学会一些技巧，在亲密关系中既满足自己的需求，又安抚自己的焦虑。这些技巧对管理自己的依恋焦虑非常重要且有效。

进行健康而明确的沟通是很重要的相处技巧。我们探讨过，焦虑型依恋者遭遇压力事件后，或许受伤心、失望等负面情绪的影响，会将不安、沮丧和焦虑的行为模式投射至日常生活中。此时，他们与旁人的交流通常是以责备、苛求的方式进行的，甚至是在愤怒中进行的，但同时，他们内心也希望对方能够理解并满足他们的内在需求。不幸的是，这对焦虑型依恋者来说并不是一种能够长远发展的行为模式，这也并不能确保他们的需求每次都能得到满足。

这个方法有时确实有效，但也会强化随心所欲地借由释放焦虑来发泄情绪、表达需求的倾向。想想看：尽管你的沟通方式会给你的同伴带来压力，从而影响关系的稳定性，但有时，对方依然能够按照你的要求来满足你。这并不是因为你的表达多么有效，而仅仅是因为对方足够在乎你，能体贴地照顾你的情绪，服从你的指令。事实上，当你以这种方式"指挥"甚至"胁迫"你的伙伴时，你十分清楚，这无异于竭泽而渔，你已经将双方早期辛苦积累的"关系资本"消耗殆尽。

健康的沟通方式对双方都是有益的，你们可以以一种更为高效的方式交流各自的感受和需求。而这些对你来说并不是奢求，只需要多加练习便能掌握。虽然在短期内，它可能不会像你以往习惯的、脱口而出能让你立即发泄情绪的言语那般爽快，但从长远来看，健康的沟通方式可以帮助你维持不错的人际关系，让你有机会逐渐深入，和对方建立更紧密的联系。此外，这种沟通技巧在你所有的人际关系中都能发挥不错的作用。

自我表达同样需要征得同意

当你与某人建立亲密关系后，你所有与之相关的言行，哪怕只是顺口说的话，习惯性或下意识做的事，均有可能对你们这段关系产生影响。为了避免不愉快的发生，你需要时时关注你与对方的相处状态，确保二人的交流和互动是健康且高效的。同时，表达自己的情绪，表明自己的诉求，在一段亲密关系中同样重要。

我们该如何做？一方面，你需要满足自己的需求和欲望；另一方面，你又不能触碰另一个人的舒适底线。此时，"征求同意"便成了找到双方微妙平衡点的绝佳手段。友好的询问可以避免自作主张导致的冲突，也是对前文提到的健康、高效交流的实践，它为双方搭建了协商的平台，确保对话双方都能独立自主地为自己做出决定。通常来说，我们最常提到"征求同意"的场景是在人际关系中出现身体接触时，尤其是涉及性接触的界限时，"征求同意"最为必要。时至今日，大部分人在进行性接触之前，都会一再确认对方是否已经准备好，并且是否出于自身的意愿（而非他人胁迫、威逼利诱等）。但奇怪的是，涉及心灵的交流，尤其是强烈的情感互动时，很少有人考虑需不需要先征得对方的同意。为了保护我们在乎的这段关系，我们当然应该先征求对方同意。

回想过去，你有没有这样的经历：你的焦虑情绪迅速升级，不等对方表达自己的意见，你就一股脑地向对方倒苦水。如果有，请仔细回想当时的场景。

如果当时的你掌握了下面列出的一个或多个沟通技巧，那么对话效果会不会有所提升？对话的结果会不会有所改善？哪怕只有一点点。仔细阅读下面的建议，哪些能够帮助你在不侵犯对方底线的前提下达成自己的需求？请在前面的框内打钩。

☐ 陈述自己的意图并询问对方能否接受。"我今天遇到一些糟心的事儿，我太想跟你吐槽一番了。你能听我抱怨一会儿吗？""我现在情绪非常激动，你能听我发泄一会儿吗？""我大概了解了你的情况，我也有一些想法。你想听听我的建议吗？或者说，你介意让我参与进来帮助你吗？"

☐ 提前和对方约定一个合适的时间。"项目的改进方案我已经有眉目了，你准备得怎么样了？什么时间方便讨论？"

☐ 阐明你的谈话需要花费的具体时间，并严格按照约定的时间执行。"你现在能花 20 分钟和我讲讲这些菜是怎么做的吗？我不会耽误你更多的时间。"

☐ 先开口说一点点，看看对方的反应如何。"这就是我想告诉你的第一部分，目前为止你觉得怎么样？"

50

☐ 做好心理准备，根据对方的反应，随时准备停止谈话。如果对方不愿意进行对话，或是觉得不适，你要及时停止："我觉得你对这件事的反应比我预想的要大得多，要不我们停下来休息一下？"

好了，现在，用上面勾选出的谈话技巧，在脑海中重新推演一遍当时的对话。上面的技巧如何改善了当时的情况？把心得写下来。

_____

_____

_____

_____

对安全与安全感的需要

征求同意只是第一步。我们谈到人的依恋，通常包含两个基本需要：安全和安全感。安全指的是让一个人的身体从具有威胁的体验中解脱。安全感是一种保证，确保彼此之间关系的联结和情感资源一直存在。当你和某人在一起感到安全，你会觉得，无论如何，对方始终陪伴着你、支持着你，用温暖和共情来关怀你。在情绪上感到安全或对某人有安全感，是在关系中建立信任的基础。

在充分建立安全和安全感之前，双方很难达成高效的协作关系（如共同生活、共同做出决策、在项目中合作等），也很难营造健康的沟通氛围。下面这项练习将帮助你探索在精神压力下获取安全和安全感的方式。在焦虑情绪让交流变得困难时，可能你会想起你们有过的一些具体互动。

当沟通变得困难，你觉得情感受到了威胁，你将如何理解这一感受？（多想想那些曾让痛苦中的你从身体上平静下来的事。）

1. _____

2. _____

3. _____

关系中的另一方会做些什么来帮助你缓解这种感觉？（同样，关注你身体的感觉。）

1. _____

2. _____

3. _____

困难的沟通会激发不安全感，你需要做些什么来缓解你的不安全感，并重新找回对这段关系的信心？

1. _____

2. _____

3. _____

对你来说，对方要做些什么或者说些什么，才能帮助你重拾对这段关系的信心？

1. _____

2. _____

3. _____

现在，找一段空闲的时间，和你所关心之人坐在一起，向对方分享你学到的关于建立安全和安全感的知识，并列出行动清单。

下面的提示可以引导你开展一些更有帮助的讨论。

- 根据你对我的了解，在我焦虑的时候，清单里这些内容能有效安抚我的情绪吗？
- 你有什么想补充的吗？
- 当你意识到我想改善关系后，你愿意帮助我做出改变吗？

健康、高效的沟通对焦虑型依恋者来说并不是遥不可及的。掌握了这些技巧，相信你一定可以同对方建立信任感，拥有稳健、和谐的亲密关系。

强化你的情感纽带

请一定要记住，有焦虑倾向并不意味着你是一个坏人，更不意味着你不值得拥有爱。这一点很重要。即使你的不安全感得分很高，你依然可以拥有一段充满安全感的关系。人际关系中的安全感是通过双方的互动构建的。不安全感得分高，只意味着你在建立人际关系时可能遇到更多的挑战。

感谢日志

在与人交往的过程中，多给予对方感激和认可，是建立"关系资本"的诀窍。你和你的交往对象都会认识到，花时间感谢彼此对生活的付出是值得的。

列出你想感谢对方的三件事。

1. _____

2. _____

3. _____

列出你想感谢自己的三件事。

1. _____

2. _____

3. _____

定期表达对彼此的感谢，可以让你和对方建立良好的关系，也可以让你拥有足够的动力度过困难时期。通过聚焦感谢、理解和接纳，学习健康的沟通方式，焦虑型依恋者也可以建立稳固、健康的关系，让双方都感到安心和安全。

章节回顾

- 焦虑型依恋模式会通过行为表现出来，如果不注意它们对身边人的影响，你的焦虑可能如同火星儿，而你的"关系资本"是薪，会将你与他人的良好关系燃烧殆尽。

- 人们会在无意中表现出与焦虑型依恋相关的行为模式，这是因为他们想在关系中为自己重建安全感，但这些行为往往会适得其反。

- 相互接纳和自我关怀有助于给具有焦虑型依恋的你或其他人提供帮助。健康、高效的沟通对每个人来说都是十分重要的技巧。

**在本章，
你能学到以下技巧。**

- 对具有焦虑型依恋的自己保持关怀，
  对他人的焦虑型依恋保持共情。

- 认识自己的局限，尊重他人的界限。

- 恰当地应对焦虑型依恋行为。

第三章

回避型依恋

还记得你在本书第一章做过的依恋测验吗？你可以回顾一下你在第二部分的得分。根据得分，如果你属于回避型依恋者，你可能会发出疑问："什么是回避型依恋？""我该怎么做？"没关系，不要担心，请继续阅读本章，我来带你寻找答案。回忆一下，依恋测验的第二部分主要探究你对不安全感的反应方式。你的回避型得分越高，说明你越有可能借由回避型行为模式表达你在人际关系中的不安全感。

焦虑型依恋者的不安全感往往表现为抗议和责难，而回避型依恋者则首先会尝试尽可能减少甚至否认自己对他人的需求。通过下文对这种依恋类型的介绍，参考本章的信息，辅以练习，你便能够识别回避型依恋在一段人际关系（无论这段关系中的回避型依恋者是你还是对方）中的影响，同时学会接纳自己、接纳他人，学会清晰健康地沟通，懂得如何强化关系纽带，让这段关系更加安全。

回避型依恋的特征

回顾一下依恋测验的第一部分，你的安全感得分越低，你的人际关系就越有可能受到与回避型依恋相关的行为模式的负面影响。相反，如果你的安全感得分很高，你的人际关系则可能不会受到强烈的影响。

回避型依恋者通常有如下特点。

- 很独立，很自主，善于独自应对各种情况。
- 很少抱怨，但会间接地表达不满。
- 与人谈论的更多的是事物和想法，很少谈论自己。
- 可能会觉得自己记性不好，或被别人认为记忆有问题。
- 更倾向于以尽可能快的方式处理冲突，有时甚至会投机取巧。

回避型依恋者常有多种形式的回避型行为，如无视冲突的存在、否认发生过的事，或者通过物质依赖缓解自己的不适感。有时，他们也可能做出更微妙或耐人寻味的回避型行为，比如，努力取悦他人、过分专注于帮助他人而忽略自己……但无论何种反应，回避的核心和本质都是保护自己免受愧疚感或负罪感的困扰。

下面是我在工作中遇到的一些回避型依恋者的案例。为保护个人隐私，案例中的人物均使用化名。

凯尔和妻子已经结婚 16 年，最近几年他们经常吵架。妻子觉得，二人谈心时凯尔不再敞开心扉谈论自己的感受，甚至对她有了些防备和抵触。当然，凯尔是想让妻子开心的，但他不知道怎么做。妻子一遍又一遍地提起这件事，他感到很有压力。

迪伦的父母在他 8 岁时离婚了。自那时起，大家发现他很擅长倾听他人的倾诉，甚至在帮助大家解决矛盾、安抚情绪时也很有一套。渐渐地，迪伦成了家人和朋友的"专业调解员"，他也很喜欢这个角色。因为他觉得，只要人们还愿意向他诉苦，就没有人会生他的气。他也非常擅长维持人际关系，从来没有人和他发生争执，大家都认为他很"完美"。但迪伦也在思索：如果自己并不"完美"，大家是否会继续爱他、接纳他？

如何判断自己是否在人际交往中表现出了回避型行为呢？你或许听过身边人对你的抱怨，他们认为你们的关系中出现了一些阻碍，尽管你不理解这为什么会是个问题。当你听到足够多这样的反馈时，你可能会思考，你的这些行为模式是否与你对独立自主的不切实际的期待有关。本章可以帮助你清晰地理解与回避型依恋相关的行为模式，教你处理这些问题。

自我感知

你是否抗拒自己对他人的依赖，甚至不惜与自己在乎的人保持距离？当然，你可能有各种各样自认为站得住脚的理由，但如果你的依恋类型属于回避型，那么不管你承不承认，你身上都会有一种现象：和在乎的人离得太近时感到无所适从；当你在情感上依赖他人，或是表现出轻微依赖的迹象或行为时，内心便压力倍增。这种压力和其他情境下的压力一样，会迫使人做出反应，从而产生特定的行为模式。这些应对方式并不完全是故意的，也并不总有利于个体对抗压力。

成年人的回避型依恋可能以多种形式存在，下面我将着重介绍回避型依恋者常见的行为模式。在阅读下列内容时，你要回忆自己过去或现在所处的人际关系，并记录其与描述的符合程度。

回避型依恋是什么样的感觉

回避型依恋者通常相当自立，并为此而自豪。他们可能不太喜欢谈论自己，也不会通过表达需求来寻求众人的关注，甚至不屑做出这种"哗众取宠"的行为；当别人这么做时，他们更倾向于躲得远远的。逻辑和理性是回避型依恋者的舒适区，而感受和情绪对他们来说则显得不那么要紧。这种行为模式会贯穿其生活的方方面面。

你还能回忆起童年时享受自己身边的成年人支持自己、赞赏自己、认可自己的感受吗？你能否回忆起 3 段这样的经历？不着急，你可以花些时间慢慢想，然后再往下阅读。许多人都能想到与某个特定的人一起度过的温暖、快乐的童年时光，这些积极正面的感受肯定都发自内心。但如果你无论如何也无法搜寻出这类具体的记忆，这或许代表，伴随着不安全感的回避型依恋可能自你年幼时起便存在了。

当然，这也并不意味着你没有美好的回忆，你可能只是更喜欢独处，把娱乐的时光留给自己，而不是同他人一起。说不定，你更享受这样的感觉，这会让你觉得更舒适。我认识的一些具有强烈回避倾向的人表示，他们童年最美好的记忆，是独自在树林里待上几小时，任思维自由徜徉，或是在房间里和毛绒玩具玩自己发明的游戏。

如果你确实记得父母曾如何对你倾注爱意，那么实际情况很可能是这样的：为了得到父母积极的关注，你会有意无意地去做一些"正确"的事情。这时，父母便会夸赞你的聪明才智、你的好性格、你的天赋、你俊美的外貌、你的运动能力。你从这些互动中得到的信息是，当你尝试让整个家庭看起来美满幸福时，你便能得到家人的爱和关注。

而今你已不再是小孩，你也自然而然地相信，并不会有人无缘无故地支持自己。你更倾向于认为，你对自身情感支持需求的表达，会给他人带来不便甚至困扰。这种想法让你变成一个名副其实的"老好人"——你的朋友、家人、合作伙伴几乎不需要花功夫来维护跟你的关系。你搁置自己的需求而首先为他人着想的习惯，着实很让人"省心"。你自己也很乐意告诉自己、告诉他人："没关系，我的要求不多，以你们为主"或"我的需求很简单，不用太在意……"

如果你是单身，你可能偶尔也会渴望建立浪漫的恋爱关系，但一想到恋爱关系中潜在的麻烦事，你又踌躇了。久而久之，这种心态会让你对亲密关系中的承诺和陪伴这类长久的东西都保持一定的警惕，甚至将其束之高阁。在你真正"做好准备"正式投入恋爱之前，你甚至会有"试试水"的想法。你可能会同一些人建立恋爱关系，只不过极为短暂，你会在自己投入足够多的情感之前快刀斩乱麻。分手，可能确实会让人不舒服一阵子，但总比以后出现困顿时再做决定要好。

如果你正在寻觅能够与你建立亲密关系的伴侣，你或许更倾向于同那些"不太重视自我需求"或"随和"的人交往，或者说，你更喜欢那些不那么挑剔，或对你没有很高要求的人。因为你认为，如果你的伴侣有较为强烈的情感需求，你肯定会感到压力大、无所适从，或者你觉得自己没有能力满足对方的需求。因此，你也不太可能把这种人留在身边。

如果现在你已经建立亲密关系并许下承诺，你可能会对你的伴侣极尽体贴，当然，你也需要一定的"距离感"。如果有人未经你的许可就跟你离得太近，你便会无端地感到不自在，尽管你知道这没什么大不了。有时，你在人际关系中可能会感到紧张，可能并没有什么特定的原因，但就是觉得心理压力很大，这时你便有了强烈的躲避的念头。

对于伴侣的需求和愿望，你的容忍度是有限的，即使理智告诉你"人都有七情六欲"，但在当下，你还是会觉得他们的需求没有必要。你对这段关系唯一的不满在于，你的伴侣太需要你了，而你不愿意别人依赖你。当你感受到这种压力时，你便会抗拒，从而倾向于到自己熟悉且能够掌控的事物中寻求庇护，它们也许是一些活动，也许是一些爱好。比如，有的人会疯狂工作，废寝忘食，有的人会到健身房锻炼一个下午，有的人会读书或看电影，有的人则会通过喝咖啡等来消磨时间，缓解不快的情绪。

当你意识到自己有一个非常强烈且重要的愿望或需求时，你会发现自己很难向他人开口承认自己的需求，甚至觉得与别人沟通是一种煎熬。把内心的真实需要讲给别人听，对你来说太难了。你对他人不抱任何希望和信心，也不奢望别人能够满足你的需求。这种感觉太过不安，以至于你不愿让这种情况发生，甚至想要忘掉自己还存在这样的需求。

对你来说，那些被扼杀在摇篮里的情感需求、无法得到满足的渴望，都不是最让人烦心的。只要你把注意力转移到别处，不去关注它们，它们就不会对你产生影响。相反，最让你如芒在背的恰恰是你担心自己会遭受不公平的指责、抱怨或评判。这种担心仿佛精准地唤醒了你某个特定的神经，让你更加想逃避。当你发觉自己深陷其中、无从躲避时，你便会对他人表现出不同寻常的攻击性。

如果你的不安全感得分较高，你的回避倾向便可能体现在肢体表现上。一般来说，你可能不太喜欢拥抱或其他大幅度的身体接触。

上面的描述能否反映你的情况

请记住，世界上不存在可以完美适用所有人的描述，上述内容只是对相应特征的概括，请灵活运用。但如果你在第一章中测得的分数表明你是回避型依恋者，那么你可能会在阅读上述内容时找到自己的影子。请回想你亲密关系中最重要的经历和回忆，再看看上面的描述，然后为二者的符合程度打分。

非常不准确   非常准确

哪些描述最符合你的情况？

_____

_____

_____

_____

_____

回避型依恋在人际关系中的表现

如果你具有回避型依恋模式，与他人亲近会给你带来压力，那么，你如何判断自己的压力究竟是因亲近、依赖、依恋而起，还是其他因素导致的？想想那些同你关系不一般的人：好朋友、恋人、某位家庭成员……按照下面的描述，评估一下你与这些人交往时情绪上的敏感程度。

- 无论对方是想从物理空间上接近你的身体，还是想从情感上同你亲近，你都会有一种微妙的窘迫感。你还不确定自己是否希望别人如此靠近自己。
- 如果你正在独立处理某事，突然发现需要同旁人合作，或不得不通过沟通完成这件事，你会觉得不自在，情绪波动很大，容易生气。
- 你很容易察觉对方批评或责怪你的意图与倾向。

如果你对其中一些描述有共鸣，说明这种类型的交往或互动会让你压力激增。这些情绪反应伴随着你最关心、最依赖的人而存在，并与他们的一举一动都有着千丝万缕的联系，这些人可能恰恰是你想要与之建立长久、和谐亲密关系的人。这些压力会以各种方式阻碍你们关系的发展。

例如，你觉得与某个同伴共事会有很大的压力，然而你不得不继续和对方一起完成某项任务，这种情况会让你无法专注思考、理解能力下降、反应迟钝，从而更容易出现差错。于是，你倾向于少放些心思在对方身上，甚至会先入为主地做一些假设，认为对方对你有偏见，但是你并没有与对方沟通核实。在这样的心理下，你的行为就会表现出明显的回避特征，或在举手投足间释放威胁信号。

蒂雷尔和女朋友香农在一起已经 4 年了。每当香农情绪低落时，蒂雷尔就会感到很大的压力，而当香农希望蒂雷尔安慰自己时，蒂雷尔会顿时不知所措，不知道如何回应她的请求。香农想让他哄哄自己，或者花时间陪自己，但即使蒂雷尔再努力，他依然会怀疑自己做得不够好。他的精神压力让身体变僵硬，肌肉紧绷，行为木讷。蒂雷尔并不是说不出那些深情的话，但他茫然无神的眼神暴露了他的心不在焉。在内心深处，他对自己的这种表现感到惊恐和担忧，他反复揣摩自己说的话是否真的是她想听到的。有时到了晚上，香农因一整天忙碌的工作而心烦意乱，迫切需要找蒂雷尔聊聊天，但蒂雷尔却躲在办公室里加班。

蒂雷尔害怕自己无法正确有效地处理伴侣的情绪问题。他的大脑飞速运转，想消化这种恐惧。当他拖着身子终于到家见到难过的香农时，他甚至无法以最简单的方式安慰她。事后，蒂雷尔觉得自己很蠢。但在那种情境下，他的确无能为力。人类大脑的工作方式决定了其在处理危机时会因惧怕威胁性行为而提高对这种危机的预警等级，从而让人感到他人更具威胁性，这本身成了一个"自我实现预言"[1]。

想象一下这样的场景：你正处在一个紧张而严格的环境中，需要以高标准完成某事，然

---

[1] 自我实现预言（self-fulfilling prophecy），或称自证实现，是一种心理学现象，指人在对某事怀有一个预设的期望时，会不自觉地遵照这种预期行事。最终，怀有这种预期的人导致事情的发生，而不是外界因素。——译者注

而你发现，自己几乎是在不停地犯错，无法全神贯注。你有过这种经历吗？在这种情况下，你显然不在状态，无法发挥真实水平。如果此时你的伴侣也具有某种不安全的依恋模式，那么你们二人在思考时就更容易犯错，也更容易误解对方的意思，这会带来更大的压力。这就是为什么回避型依恋者更喜欢独自沉浸在兴趣爱好中，因为这样可以避免自己陷入泥潭。

在人际交往中，你或许并不是常抱怨的那个，但这不能算一件好事。人际关系是很复杂的，在某些特定的时刻，人们纠结的问题通常是没有答案的。然而，如果你总是无法及时维护这段关系、修补裂缝，情况就会变得更糟。你越是"得心应手"地避免自己在处理双方关系上花太多心思，你以后就越有可能后悔自己为什么没早一点采取补救措施。

其实，问题并不在于你能否辨别哪些事更重要、应当优先处理，哪些事则没那么重要、可以暂且搁置，重要的是，如果你的回避型行为模式影响了你与他人的正常合作，阻碍了任务的完成，或使你抗拒与伴侣沟通真实想法，让你无法专注于要做的事情，这时，麻烦就会出现。

你的回避清单

下面是生活中常有的情绪以及生活中常见的情景。很多人认为，自己与人交往时感到的压力正是由下列清单中的事项产生的。浏览清单，看看哪些事项会给你带来压力，找到所有让你羞怯、退缩，甚至六神无主、头皮发麻的项目，把它们圈出来。总之，那些让你觉得自己需要尽快逃离周围人的情绪和情景，都需要圈出来。如果你还有别的在意的内容，把它们补充在空白的地方。

当下面的情绪或情景出现时，我就会感觉很有压力：

- 恼怒
- 焦虑
- 羞愧
- 被背叛
- 被责怪
- 感到肩上的担子很重
- 被数落
- 迷茫
- 被轻视
- 遭受批评或苛求
- 挫败感
- 被奚落
- 悲恸
- 被贬低
- _____

- 失望
- 反感、厌恶
- 被别人否定
- 嫉妒
- 负罪感
- 无助
- 被羞辱
- 受伤
- 被忽视
- 没有信心
- 愤慨
- 被恐吓
- 偏执
- 吃醋
- _____

- 被别人评判
- 孤独
- 渴望
- 被步步紧逼
- 懊恼
- 被排斥
- 憎恨
- 伤心
- 自我怀疑
- 心力交瘁
- 不受赏识
- 不舒服
- 担忧
- _____
- _____

我明明很需要这些，但要我提出要求，我会觉得很有压力：

- 支持
- 安全
- 接纳
- 融洽的相处气氛
- 井然有序
- _____

- 关爱
- 稳定
- 关注和倾听
- 愉快的互动
- 安全和安全感
- _____

- 欣赏和赞扬
- 始终如一
- 平等的关系
- 被认真对待
- 卸下部分责任
- _____

如果在这段关系中，我需要做这些事，我会很有压力：

- 跟对方敞开心扉
- 提供情感支持
- 一起做决策
- 严格履行承诺
- _____

- 处理双方的矛盾
- 明确权责，达成共识
- 营造仪式感
- 定义边界
- _____

- 修复创伤
- 理解对方、体贴对方
- 处理同别人的关系
- 做出评价或接受反馈
- _____

我非常担心这些情况出现：

- 失去自主权
- 被别人取代
- _____

- 失去自由时间
- 被抛弃
- _____

- 失去自我
- 被排斥
- _____

很好，你刚刚一项一项地确定了哪些因素和事件会激活你的回避型依恋模式。现在再回头看一看，检查一下你圈出来的那些项目，从中找出你最在意、最使你畏缩不前的 3 项，写在下面的横线上。在接下来的练习中，你还会用到这 3 项内容。它们是你敏感情绪的"触发器"，可以帮你深入探索自己的回避行为。

梳理你圈出的内容。例如，在这段关系中，当我需要去处理双方的冲突和矛盾时，我会感到压力很大、想逃避。

1. _____

2. _____

3. _____

回避的利与弊

请根据你在上文写下的 3 个回避触发因素，开展相关练习。请把上述 3 个因素分别写在每个板块前的横线上，然后按照提示勾选你的反应，思考相应的问题。最后，结合自己的思考，你就能明白这些行为是如何改善或破坏你的人际关系的。

1. _____

当这种情况发生时，我会……

☐ 回避、畏缩

☐ 置之不理

☐ 转移注意力，比如去忙别的事

☐ 麻痹或放空自己

☐ 把对方赶走，或自己离开

☐ 否定自己或他人的经验

☐ 尝试解释、澄清，有时甚至通过狡辩来使事情听起来合理

☐ 解释一些不相关的事情，搪塞过去

☐ 应付般地安慰一下，不会继续关注

☐ 其他：_____

这些反应能让我得到什么？

_____

_____

这些反应会让我失去什么？

_____

_____

你能否想到更具建设性的处理方法，以应对你在本板块前列出的触发因素？

_____

_____

2. _____

当这种情况发生时，我会……

- ☐ 回避、畏缩
- ☐ 置之不理
- ☐ 转移注意力，比如去忙别的事
- ☐ 麻痹或放空自己
- ☐ 把对方赶走，或自己离开
- ☐ 否定自己或他人的经验
- ☐ 尝试解释、澄清，有时甚至通过狡辩来使事情听起来合理
- ☐ 解释一些不相关的事情，搪塞过去
- ☐ 应付般地安慰一下，不会继续关注
- ☐ 其他：_____

这些反应能让我得到什么？

_____

_____

这些反应会让我失去什么？

_____

_____

你能否想到更具建设性的处理方法，以应对你在本板块前列出的触发因素？

_____

_____

3. _____

当这种情况发生时，我会……

- ☐ 回避、畏缩
- ☐ 置之不理
- ☐ 转移注意力，比如去忙别的事
- ☐ 麻痹或放空自己
- ☐ 把对方赶走，或自己离开

- ☐ 否定自己或他人的经验
- ☐ 尝试解释、澄清，有时甚至通过狡辩来使事情听起来合理
- ☐ 解释一些不相关的事情，搪塞过去
- ☐ 应付般地安慰一下，不会继续关注
- ☐ 其他：_____

这些反应能让我得到什么？

_____

_____

这些反应会让我失去什么？

_____

_____

你能否想到更具建设性的处理方法，以应对你在本板块前列出的触发因素？

_____

_____

请记住，这些行为是后天习得的，有这样的行为并非你的过错，只不过，你要承担它们带来的后果。如果这些后果不会产生任何负面作用，你还可以保持现状；但如果你对当前的局面不满意，放心，你有能力做出改变。

对他人的感知

也许在一段关系中，有回避型行为的并不是你，而是对方。以下内容将帮助你适应这种情况，学会恰当地应对。

与回避型依恋者交往是一种什么样的体验

当人们表现出回避型依恋的行为模式时，他们会感到自己的内心十分空虚，没人需要自己，自己的存在是可有可无的。人们经常这样抱怨回避型依恋者：

- 他们不想解决问题；
- 他们不会做出承诺；
- 他们不会正视感情，也不善于表达感情；
- 他们总是很快从双方关系中抽身或脱离；
- 他们自我封闭、拒绝交流；
- 他们总是自作主张，做事时不告诉你，也不想让你知道；
  ……

最终，回避型依恋者的这些行为模式会让你认为对方根本不需要你，也不在乎你。

在这种处境中，你能做些什么呢？有时候，你需要提醒自己，不要被表象欺骗。回避型依恋者在一段依恋关系中很难感到悠然自在。除非你们在婴儿期就相识，否则对方的回避表现并非因为你，在遇见你之前，他们已经这样了。你需要理解，有些事情对他们来说很有压力，症结在于他们所畏惧的事情，而非某个具体的人。

对你的影响

想想你有没有这样的经历：你迫切地需要得到某个人的帮助，但对方不在你身边，或者即使对方在场，他也并没有给你提供相应的帮助或支持。

当时发生了什么事？

_____

_____

_____

你还记得当时的感受吗？写下来。

_____

_____

_____

你还记得当时的想法吗？写下来。

_____

_____

_____

你当时有什么身体反应？

_____

_____

_____

面对他人的回避型依恋，我们应该如何应对

对于回避型依恋者来说，过度依赖他人会令人不适，有时他们感受到的只是一些情绪压力，但有时，他们会陷入无法自拔的惶恐。许多场合的人际交往都会引发他们的回避倾向，尤其是在双方关系比较紧张时。

那么，当对方的回避倾向被触发时，作为朋友、恋人、同事、家人，你能做些什么？在前面的练习中，你可能已经知道，如果自己表现出了回避型行为，对方的哪些处理方式会令自己更不适，那么，现在需要你来设身处地地为别人着想了。

首先要注意，重视对方对安全感和舒适感的需求，并认真对待。贸然与情绪激动的回避型依恋者对话会让情况变得更糟，即便你觉得对方的情绪很容易化解，但对方的感受不一定是这样的。对他们来说，专注于解决情绪问题简直是这辈子遇到的最难的事情。[1]

给对方营造更有安全感的环境，会对你们的关系产生积极的效果。如果对方在与你对话或同你合作时，能够感受到你为其提供的安心与舒适，那么你们的互动会更加和谐。面对外界威胁时，人们的身体会紧张起来，大脑则无法进行复杂的思考，因此很难有效地同他人协作，执行具体任务。

通常我们无法得知对方是否认为当下的情境足够安全，但如果我们知道应该关注什么，就能敏锐地捕捉到异样的气氛。不管具有何种依恋类型，所有人都适用一个叫作"容纳之窗"的概念，它给人们所能接受的外界刺激划定了一个理想区间，在这个区间内，人体能够发挥最佳能力；而当人展现了区间之外的体征时，无论兴奋度过高还是过低，都

---

[1] 回避型依恋者会尽力避免过多关注这种"矫情"的时刻，被人监督着讨论这些话题可想而知会有多难堪。——译者注

表明他们的身体正在抵御某种威胁。当然，这种威胁有可能是真实存在的、生理上的威胁，也可能是想象中的、心理或精神上的威胁。回避型依恋者通常不太擅长用言语表达他们的痛苦，在与他们相处时，理解这一概念能在解读其行为时起很大的作用。

在与回避型依恋者讨论他们的回避型行为时，如果你能让自己和对方都待在各自的"容纳之窗"内，对话成功的可能性就会大大增加。若要与回避型依恋者谈论一些他们不喜欢的情绪话题，以下建议或许能给你帮助。

- 建立友好融洽的关系。

  不要先入为主地认为你的伙伴了解你的好意。你必须从一开始就积极地与对方沟通与互动，在条件允许的情况下，通过友好的身体接触或眼神互动进行交流，以一种不具威胁性的方式清晰地建立共识。

- 把握时机。

  每解决一个小问题，就小小地庆祝一番，再着手解决下一个问题。如此，把握好时机，通过愉悦的仪式感建立正向反馈。这比把所有要做的事一次性塞满大脑要好得多。一口吃不成胖子，试图一次性解决所有问题只会一步一步把自己或对方赶出"容纳之窗"。

- 学会读懂对方的表情、眼神和肢体语言，知道对方的情绪边界。

  知悉了对方的"容纳之窗"，其无意中展现出的悲伤信号便清晰可见。太激烈的情绪反应可能体现为过快的语速、过度惊慌的行为举止、表现得像一头受惊的小鹿、呼吸急促、发抖或战栗；过于含蓄的情绪反应则可以表现为黯淡无光的眼神、麻木或茫然的神情、含糊不清的语言或语速缓慢、语义离散、身体露出疲态、体温突然降低。

- 当你发觉对方"脱窗"，请放慢节奏。

  你可以提前想好一些措施缓解对方的紧张情绪。有些人可能只需要一个甜美的微笑，以及在快节奏的生活中的一个顿足，便能继续远行；有些人可能需要一些鼓励或支持便可消除疑虑，比如，"别担心，你做得很棒，我们可以慢慢来"；有些人则更喜欢有人握着他们的手或进行其他形式的身体接触，好让他们感到安心。

现在，你可能会想："天呐，这要费多少功夫！"你或许没错。其实从某种意义上讲，人们有时的确需要付出比往常更多的努力，同时结合不断实践获得的经验，才能把难题变得不再难。想做成任何有价值的事，都需要大量的知识和实践。经营人际关系也是同样的道理。

最后，别忘了了解自己。按照前面的练习，看看你是如何应对他人的回避和疏远的。你是否觉得受伤，是否感到愤怒，是否抱怨或谴责？如果你的反应强烈，你可能需要暂时停下脚步，回顾一下，给自己，也给你的伙伴送去关怀。不过，需要提醒的是，只有当你的精神足够富足，或你的付出和给予能让你有充实或自我实现之感时，你才可以向对方施以援手，你的支持才会让双方的关系更紧密。

应对不良反应

在与他人相处时，如果你时常觉得对方的退缩令自己挫败，那么你可以试试下面这个练习。想想看，上一次你需要某个人，但对方却退缩了的时候，你出现了什么样的负面反应？你的身体是否摆出了某个特定的姿势？肩膀会很紧张吗？有没有感觉整个胸腔憋满了气？腹部有不适吗？你有没有下意识地攥紧拳头？你的身体有没有同时出现上面多种情况？有没有出现上面没提到的反应？

现在，动员你的整个身体，以一种更夸张的方式复原脑海中自己的姿势，并保持这个姿势深呼吸三次。例如，如果你记得自己伸长了脖子，下巴紧绷，还攥紧了拳头，那么，再做一遍这三个动作，保持住，并深呼吸三次。在保持这些姿势时，想想那一刻你脑中可能出现的念头，比如，"我的伙伴不在乎我"，带着这种念头，深呼吸两次；在第三次呼气时，把脖子、下巴和拳头放松，同时清空自己的思绪，让脑中空空荡荡。当你全身都处于彻底放松的状态时，再体会你此时的感受及想法。

现在，想象身体的不良反应，按上述顺序重复两次。

完成后，记下你的想法，描述练习前后你的体验有何不同。

_____

_____

_____

完成第二次和第三次练习后，那些不良反应是更强烈了，还是减轻了，又或者是没发生变化？你认为为什么会这样？

_____

_____

_____

学会接纳

正如我们在第二章中所学习的，接纳，意味着对当下和过去持开放包容的态度，不试图改变或否认。我们学习接纳，实际上是在培养不与现状做斗争、与不圆满和谐共处的能力，但是，这并不代表我们不思进取。在条件允许的情况下，我们依然正视自己的经历，对自己的行为负责，并尝试做出更符合我们价值观的选择。同本书其他内容一样，学习接纳，也应先从接纳自我开始。

接纳自我

有时候，你会想起小时候养成的一些坏习惯，那些坏习惯或许糟糕到让你开始自责、批评自己，促使你把自己跟别人进行比较："我和姐姐是同一对父母养大的，但她似乎不像我那样怯懦。"好吧，你需要知道的是，首先，这样比较得出的结果通常是不成立的，因为你并不知道别人都经历过什么，你只能看到表象；其次，这也会给你带来不必要的压力，加剧你的挣扎。无意义的比较会让你陷入恶性循环。

那么，我们不妨试着原谅自己的过去，接受自己脑中涌现的各种感觉和想法，毕竟它们是如此根深蒂固，你无法改变它们存在的事实。往下看吧！学会用温暖和关怀来接纳自己，全方位地爱自己。这将是你从这本书中学到的最重要的东西。

探索回避型依恋者的内在小孩

下面的内容将带你踏上一段短暂的想象之旅，怀抱着同理心去探索人生早期的重要经历，这些经历催生了你未来可能会形成的回避型依恋模式及相关的回避行为。在这个练习中，你需要尽可能地想象孩子会有的内心和躯体上的感受。

请想象这样的场景。你是一个婴儿，刚刚吃饱喝足。妈妈哄了你一会儿，把你放回了婴儿床。你离开妈妈温暖的怀抱，躺回冰冷的床上，你看着她的脸庞从视线中消失，于是，你开始感到害怕。你不知道她要去哪里，也不知道她是否会回来，你感到现在没有人保护你了，你甚至会想："妈妈是不是不要我了。"伴随着这样的心理，你产生了巨大的不安全感。你紧张得哭了出来，想让她回来，但是熟悉的身影并没有出现，你更加无助，哭得更大声了，希望有谁能马上出现来拯救你，但恐怖的是，没有任何人来到你的身边。

你的妈妈无视了你的哭声，但这并不能说是她失职，也不能将其解读为她在故意冷落你。她知道你刚刚吃饱，又回到了舒适暖和的小床，那么，你还想要什么呢？你现在很安全，你该睡觉了。"也许哭一会儿，她自己就睡着了吧。"你妈妈这样想。

不巧的是，尚为婴儿的你并不能理解母亲的考量。最终，你得到了这样的结论：当你感到害怕时，没有人会来帮你，你只能自己克服内心的恐惧，停止哭泣，因为哭一点用都没有。与毫无意义的哭泣相比，你反而发现了自己安抚自己情绪的方法，你可能学会了吮吸拇指，看着周围的世界逐渐模糊，然后把自己哄睡着，一直睡到下次母亲来喂食。哪怕中间醒了也没关系，你已经学会"自力更生"了。不过，你意识不到的是，刚刚在摇篮里，你切断了自己在未来同身边人建立心灵联结的重要途径——正如别人忽略了你的本能需求，你也"不幸"地学会了忽略自己的本能需求。

日子一天天过去，你渐渐长大。你有了更多独处的机会，也逐渐有了独处的经验：独自玩耍，独自做白日梦，独自神游世界，独自娱悦自己空虚的心灵。独处的时间，才是你最有安全感、最有掌控感的时间。当你感到世界纷扰而自己与他人格格不入时，你发现与孤独相伴才是你的归宿，是你最后的港湾。随着年龄的增长，你的知识和见闻逐渐丰富，你也培养了阅读、电子游戏、艺术或其他兴趣爱好。你可以创造一个爱丽丝的仙境一般的完美世界，这个世界只存在于你的脑海中，因此你"幸免"于同他人接触，也不必与任何人进行真正的互动。毕竟，在你心里，他人可能会让你失望，但孤独永远不会让你失望。

阅读上述段落时，你有什么样的感受？产生了怎样的共鸣？

_____

_____

上述内容是否让你感同身受？请写下你的想法，表达你对这段描述的理解。

_____

_____

如果你可以直接与文章中的孩子对话，你会怎样鼓励她？

_____

_____

接纳他人

维持与回避型依恋者的关系或许确实有些难度。你很难读懂对方的想法，对方也很抗拒与你敞开心扉交流；在你需要对方的时候，对方根本不在乎。接纳他人，并不代表无条件地宽恕他们的行为，也不代表容忍他们给你带来的消极影响；接纳他人，是去承认、正视他人独特的行为模式，而不是把自己的期望强加给他人。前面我们讲到接纳自我，这里也一样，你对他人的接纳，也会为双方创造一个轻松自在的交流空间，你需要摈弃苛责和评判，勇于探索与改变。

发挥自己的同理心

当他人的回避型行为让你感到失望或沮丧时，这个练习可以给你帮助。想想你生命中某个特定的时刻：你非常需要某个重要的人，但对方并不在你身边，或并不那么在意你。请尽量选择一个跟当下的状况没有太强关联的事件。

我记得有一次，一个对我很重要的人让我感到孤独与失落。当时的情形是这样的……

_____

_____

_____

相比对方当时的做法，我更希望对方能……

_____

_____

_____

当时的情形让对方压力很大，主要是因为……

_____

_____

_____

我也知道这种情况对对方来说很有压力，因为……

_____

_____

_____

当时，对方认为自己_____，或者也可能是他觉得我是这样想他的。但实际上，对方当时并不知道该如何做，或者仍在努力学习如何做到_____；毕竟，他并不十分擅长这一点。当对方面对这种情况，不知怎么做时，他便会_____，而我需要明白，对方当时那样做，是因为条件反射或自我保护，没想到忽视了我当时有多需要他。

你可以基于不同的事件重复这一练习。经过反复练习，你便能够明白如何实时处理类似事件，你也能够更深入地理解回避型依恋伴侣的内心世界，并同对方产生共情。如此一来，你们的关系方能经受考验，变得更加紧密。

健康的沟通和交流

大多数回避型依恋者都会对人际冲突感到不适，他们也不怎么擅长处理冲突；因此，当冲突出现时，他们会焦虑，并且会尝试以各种方式逃避。有些人根本不知道如何充分又坚定地表达自己的立场，他们只能依靠转述外界的只言片语或别人的权威观点，来表达自己的想法，而不是主动站出来进行阐述。但是，即使回避型依恋者确切地知道自己的立场，清楚地了解自己想要什么，他们依然可能在即将达成目标时半途而废，因为他们无法做到在同他人协作时始终保持果断和自信，这不仅会让他们不自在，更会给他们带来相当大的精神压力。

我做咨询师多年，经常看到人们面对人际冲突时如临大敌、惊恐万分。对于这样的情况，有一种方法很有用，那就是冲突双方在解决问题时，一次只讨论一个话题。我强烈建议你与同伴采用这种方法，以此作为你们双方应对冲突、处理冲突的基本原则。对了，建立基本原则，我在前面的章节里是不是忘了提？没关系，现在你已经知道了，在友善且高效的交流基础上，建立双方认可的基本原则，的确是一个非常有益的相处方式。

朗达和默里已经在我这里进行了几个月的咨询。他们的依恋类型都是不安全型，朗达的回避倾向更外显，默里则较多地表现出焦虑倾向。他们吵架时，默里的焦虑型行为对双方的互动更具压制性，因此朗达不得不奋起反抗，直到她因情绪崩溃而放弃。朗达感到愤懑，而默里则想不明白，为什么朗达始终感受不到自己给她的精神支持和双方情感上的关联。

他们意识到，这样争吵下去不是长久之计。最终，在一次咨询中，他们双方同意采用我的方案，在下次起冲突时，尝试先把对话集中在一个话题上。在那次咨询后不久，双方开展了以下交流。

"我觉得我们的房子还可以再整洁点。"朗达说。

"你觉得我没有认真打扫吗？"默里问。

若在几个月前，朗达会认为默里的回复表示他听不进去自己的话，但因为朗达一直在努力避免主动引发冲突，她继续道："我知道你确实认真打扫了。这不是我们其中一方的问题，因为我知道我也忘记打扫了。只不过我希望房子干净一些。"

默里回答说："我知道了，我下次打扫的时候再仔细些。不过我的确觉得，你洗碗的时候有点太毛糙了，你自己也没有意识到。水溅得到处都是，洗碗布乱放，洗洁精也弄得到处都是。"

和从前一样，朗达捕捉到了默里话中的指责，但她不想再争论下去，因为争论的结果必然是双方气急败坏，最终陷入绝望。她想做出一些改变。她深吸了一口气，问道："你想知道什么能让我快乐吗？"她停顿了一下，等待默里的回答。

"嗯？说来听听？"

朗达非常努力地开口："我真的希望我们能在周中找一天、周末大扫除之前，好好收拾一下厨房和客厅，这样一来，房子就能一整周都保持干净整洁了。我觉得这样效果会更好。"

"你的话有道理，不过，我经常跟朋友出去，我不确定什么时候能回家打扫。"默里回答说，"据我观察，你周末跟朋友出去的次数更多，以至于有时我都在想，这个周末能否见到你的影子。而有时你周末在家，却会把时间都用来玩电子游戏。"

此时，默里的注意力从当前讨论的打扫房间的问题，转移到了另一个领域，也是他常常听到的抱怨：朗达觉得默里没有花足够的时间陪她。

如果朗达不将话题转回打扫房间，我会帮她，因为我不希望他们失去继续解决问题的动力，但好在，他们遵循了我给他们的建议。

"亲爱的，我们可以下次再谈我玩电子游戏的事。现在，咱们先来解决打扫房子的问题。在我看来，我只需要给自己留出时间，在周中找一天把厨房和客厅打扫干净，这样我们就不用在周末前一直住在乱糟糟的房子里了。你觉得我这个想法怎么样？"

"嗯，好吧，我能接受。我们只需要弄清楚具体执行的细节。"

这样，他们双方都冲到了处理矛盾的终点线。

改变相处模式有时需要不小的毅力。在每一个关键时刻，朗达都控制着自己，把控对话的发展方向。她克服了自己的回避倾向，保持专注，并主动与默里协作。朗达并不是一下子就掌握了这些方法，但她知道，这段感情无法经受一次又一次相同的争吵。随着时间的推移，她找到了信心，向前推进，把关系变得更牢固。她也看到默里在努力，他变得更包容，也更愿意听从自己的建议。这样的改变对双方都很有帮助。

在上面的案例中，朗达做得很好，每次谈话偏离主题时，她都会调整谈话的方向。要做到这一点，需要考虑多个层面，但朗达必须找到某个着手点。她做的第一件事就是清晰地意识到自己对整洁的居住环境的强烈需求。

剖析自己的需求，正视自己的渴望

现在，想一想，在一段特定的关系中，你是否有过未得到完全满足的感受和经历。如果你没有那么强烈的印象，那就放宽标准，仔细想想。重点在于，你要深入剖析你的想法，了解自己的渴望，因为它们都与这段人际关系息息相关。

当我想到这段关系时，我不满意的地方在于：

_____

_____

_____

在这段关系中，能让我高兴的东西有：

_____

_____

_____

如果我得到了我想要的，我会感到：

_____

_____

_____

如果我从不在这个问题上为自己争取，这将对我的关系产生怎样的长期影响？

_____

_____

_____

评定量表 在这个问题上，我愿意付出多少努力来表明自己的立场、明确自己的需求或渴望？请圈出对应的数字。

①　2　3　4　5　6　7　8　9　⑩

不愿付出太多努力　　　　　　　　　　**我愿全力争取**

当谈话内容让朗达感到沮丧时，她没有放弃。了解默里的依恋类型后，她知道他并不是在有意责难她，也不是故意偏离话题。朗达知道，当人们建立依恋关系后，其带来的压力会对不同依恋类型的人产生不同的影响，因此，他们的谈话有时会变得不那么顺畅。她还记得，她和默里已经同意一起努力，尝试以更有条理的方式处理冲突，降低谈话中断的概率，这样一来，他们二人至少不会因冲突升级而度过一个难熬的夜晚，甚至一夜无眠。

听到默里的批评和指责，朗达没有放弃或逃避，反而说了这样几句话。

"我知道你确实认真打扫了。这不是我们其中一方的问题，因为我知道我也忘记打扫了。只不过我希望房子干净一些。"

"你想知道什么能让我快乐吗？……我真的希望我们能在周中找一天、周末大扫除之前，好好收拾一下厨房和客厅，这样一来，房子就能一整周都保持干净整洁了。我觉得这样效果会更好。"

"亲爱的，我们可以下次再谈我玩电子游戏的事。现在，咱们先来解决打扫房子的问题。在我看来，我只需要给自己留出时间，在周中找一天把厨房和客厅打扫干净，这样我们就不用在周末前一直住在乱糟糟的房子里了。你觉得我这个想法怎么样？"

为自己争取

在这项练习中，你需要针对你在上一项练习中提到的问题为自己据理力争。你需要为自己做一个规划，然后同你的伴侣开展一次谈话。你本次谈话的目标如下：

- 不要偏离主题；
- 保持专注；
- 向对方表示尊重或做出保证；
- 建立初步的共识。

想想看，假如你在沟通时遇到了下面的情况，你会如何应对。

你的伴侣感受到了你的苛责，并开始责怪你。

_____

_____

_____

你的伴侣开始"翻旧账"，数落你。

_____

_____

_____

你的伴侣调转了对话的矛头，开始就别的问题来抱怨你。

_____

_____

_____

无论这段关系中的回避型依恋者是你还是你的伴侣，哪怕你们两个都是，你都不要担心，培养健康的沟通方式的技能需要长期持续的努力，请相信，你们双方最终都会从中受益。遇到困难，不要害怕，想想朗达是怎么做的——深呼吸，然后坚持下去。请相信，困难终将被克服，你们的情感纽带将更加稳固。

强化你的情感纽带

我们依恋他人，是为了和这个世界上那些能让我们感到安全舒适的人产生羁绊，其中一些情感羁绊，是我们赖以生存的生命线，我们需要去管理这些人际关系中冷不丁冒出来的依恋压力，强化这些情感羁绊，以便更充分地享受这些关系。以下练习将帮助你思考并分析你与伴侣的依恋关系中存在哪些压力，并让你们更清楚地认识到这些压力的存在。这对双方调节情绪、化解矛盾非常关键，也是缓解压力的一个重要步骤。

透视矩阵

大卫去年和瓦娜订婚了。在策划婚礼时，大卫的回避型依恋模式就已经显现。瓦娜非常享受策划婚礼的过程，大卫也多次应允会和她一起做计划。大卫认为，这是他应该做的。只不过，他一直没抽出时间。他也确实不喜欢做计划，他说不准自己想要什么样的婚礼，也不确定自己能否负担得起理想婚礼的花销。为了缓解对金钱的焦虑，他主动加班，但没对瓦娜说什么。瓦娜逐渐不耐烦了，她因大卫对待婚礼不认真的态度而伤心。

类似情况往往会导致冲突，因为其中一方通常不怎么了解或没有尝试理解具有回避型依恋模式的另一方正在承受何种压力。在双方的互动中，无论你还是对方，在被触发回避型行为之前，都会出现一些值得注意的细节。你可以用下面的练习尝试捕捉双方互动中你曾忽略的细微变化。此处以大卫的回避型行为为例。

姓名	具体情况是怎样的	根据其依恋类型分析是什么导致了压力	压力程度（按1—10打分）
大卫	我因钱而心力交瘁，我想解决这个问题，想攒钱筹备婚礼，所以我主动加班。但是，瓦娜似乎不怎么担心钱的问题，所以我觉得她不会真正理解我的担忧	担心钱的问题	5（中等）
		担心让瓦娜失望	9（非常大）
		不擅长做计划	7（较大）

尽管大卫的压力来自不同方面，程度不一，但他并没有直接与瓦娜沟通；当然，因为缺乏沟通，瓦娜也没有注意到大卫的变化。因此，他们急需一场敞开心扉的友好对话以便一次性澄清当时的情况，识别大卫的压力源并积极应对当下的问题，只有这样，双方才能理解什么问题才是当下利害攸关的（比如，是让瓦娜独自策划婚礼，那样大卫就可以好好攒钱，还是双方达成一致，筹备一个以他们的经济实力能承受的婚礼）。

好了，现在，回忆引发了你或你伴侣回避型行为的经历，围绕当时的情况，构造你自己的透视表格。

姓名	具体情况是怎样的	根据其依恋类型分析是什么导致了压力	压力程度（按1—10打分）

这个表格可以重复使用。当你或你关心的人展现出回避型行为时，你可以重新填写这张表格，分析这次互动事件中存在哪些压力源，这有助于你了解双方对这些压力源的看法是否一致，有助于双方寻找积极应对的措施。

章节回顾

- 当依恋关系建立时，一个人对某个特定对象的依赖会带来压力，从而激活回避倾向，通常表现为抗拒或逃避。

- 面对回避型依恋者，在解决问题之前，先尝试营造安全感，减轻其压力，这样才能让问题更为有效地解决。

**在本章，
你能学到以下技巧。**

- 正视自己的需求，通过健康积极的对话，与伙伴进行沟通，使问题得到解决；

- 通过回避清单识别能够引发你的回避反应的具体经历；

- 应用"容纳之窗"的概念，识别亲密关系的另一方所承受的情绪压力是否超出了他的承受范围，以及掌握应对的方法。

第四章

安全型依恋

终于，我们来到了第四章，一起探讨安全型依恋。这种洋溢着安全感的依恋关系是值得我们所有人努力追求的积极健康的相处模式。安全型依恋者在对身边的人产生依赖、建立依恋后，很少感受到额外的压力。即使你在第一章的依恋测验中得到的分数显示你不是安全型依恋者，本章仍能为你提供参考。

安全型依恋的特征

具有安全型依恋的人通常：

- 适应能力强，能够轻松调整自己，接受新信息，融入不断变化的环境；
- 对自己的人际关系保持积极的态度，并懂得为对方考虑；
- 当自己的人际关系产生裂痕时，会很重视并努力修复；
- 能够自如地应对人际关系中的差异性和复杂性。

拥有安全型依恋模式让你在复杂的境况下，甚至在发生人际冲突时，也能清晰地思考，冷静地处理。你的神经不会因为与人亲近而紧绷，你同他人的亲近或亲密也不会引发焦虑，不会让你开始戒备或自我封闭。你也可以专注于解决与恋人、家人或亲密朋友之间的问题。毕竟，与他人建立联系是人类的普遍需求。总体而言，拥有安全型依恋模式会使建立联系、产生情感羁绊的过程更顺畅、更愉快。

以下案例来自向我咨询的安全型依恋者。和前文一样，人物均使用化名。

蒂尔达去年遭遇了一系列悲剧。她先是被公司解雇，不久，母亲又因癌症去世。几个月后的一场森林大火，害得她和丈夫无家可归。不过，厄运并没有将她击倒，她非常感谢她的丈夫能在接二连三的噩耗中依然让她感到稳定、安全。"这段日子对我们二人来说都很难，但我们知道，我们终会渡过难关。"在一次咨询中，蒂尔达这样告诉我："没有他，我真的不知道怎么做。"

艾安娜是一名软件工程师，她热爱自己的工作，并与团队建立了良好的工作关系。不过，最近团队中的朋友问她要不要跟他们一起冒个险，创办一家新公司，迎接新的挑战。她考虑了一段时间。她通常主张规避风险，重新创业毕竟不是一个无足轻重的决定。但最后，她还是同意了，因为与维持现状相比，她更愿意跟伙伴们共进退，她也相信，这个团队有能力继续前行，她可以为自己打造全新且值得期待的未来。

哈维是一名消防员，48小时轮班工作。每次出勤，他都做好了充分的准备，也非常放心地将自己的生命托付给同行的队员。他非常热爱自己的工作，尽最大可能不让任何人失望。

安全型依恋模式并不能让人对人际关系中的问题和冲突免疫。安全型依恋者依然会犯常见的错误，因此他们也必须像其他人一样，学习与他人的相处之道，从挫折中吸取教训。他们同别人交往时也会误入歧途，发生冲突时也会茫然、焦虑或不知所措，也会消极逃避或被动承受。不过，他们也常常能够更快、更好地从负面情绪中恢复，并迅速调整自己的状态。他们会主动从这些经历中学习，并尽可能避免重蹈覆辙。一言以蔽之，安全型依恋者在人际关系中往往具有更强的适应力和恢复力。

那么，他们是怎么做到的呢？首先请记住，一段依恋关系中的安全感，指的是当我们以最亲密的方式与人交往时，无论是发生情感上的依恋，还是身体上的亲昵，对方都会以同样的真心对待我们，不会背叛或始乱终弃。同时，这样的经历也会成为这段关系的正反馈激励，使得安全型依恋者相信，信任伙伴，依赖伙伴，把自己的身心托付给对方并非天方夜谭。通常来说，安全型依恋者从很小的时候就得到了很好的照顾，面对挫折时，也会有人帮助他们渡过难关。这种早年经历对一个人具有极其重要的塑造作用，他人的陪伴和帮助也能培养人际关系中的安全感。

自我感知

与其他依恋类型的人一样，安全型依恋者也是形形色色、各具特点。他们在自己的人际关系中也会经历风风雨雨，他们的人生也有高潮和低谷。学会自我感知，是人在成长中的重要历程。随着你对自己的思想、情感和躯体有更多的感知，你会了解到，这些正常的身心反应如何在人际关系中发挥作用。

如果你在第一章的依恋测验中的不安全感得分较低，而安全感得分较高，那么你便很有可能在下面的描述中看到自己的影子。如果有些描述不太符合你的自身情况也不要担心，要知道，完美的依恋类型在现实生活中无法对应任何一个具体的人，而仅仅存在于理想状况中。这种完美的安全型依恋的概念，只是一种思维的折射，它告诉人们，安全型依恋是可以通过感知习得的，是可以通过实践培养的。

安全型依恋是什么样的感觉

你能从你所珍视的人际关系中学到很多，即使你们的关系可能并不完美，你依然能够享受与对方的相处。当然，其中一部分原因可能是，你了解并且接受缺憾，你也认同世界上不存在完美的人际关系。你只需要知道，当你遇到危机时，身边的人能够给你提供支持，让你充满力量，这才是最重要的。

在与人交往时，你非常灵活。你能够敏锐地捕捉自己和他人的需求，并为双方着想。哪怕你确实不喜欢或者太过喜欢某个人，你也会表现得很随和，你通常不会以完全牺牲自己的需求为前提——如果你做过这种蠢事，那你现在肯定已经从错误中吸取了教训。

人总会有需求，你也不例外。你并不害怕与他人沟通，也不害怕提出自己的需求。如果对方不能满足你，你或许会有些失望，但这不会对你造成任何巨大的影响，你依然会继续想办法通过其他方式满足自己的需求。毕竟，人有需求就要解决，这是再合理不过的事了，为什么要藏着掖着呢？

当事情出了岔子时，你倾向于关注问题本身，对事不对人。毕竟你也承认，人无完人，在关键时刻，指责别人并没有什么用，尽自己的全力便好。同样的道理对你自己也适用，当你被一个问题困扰时，你也会果断地向他人寻求帮助。

如果你发现你无意间伤害了所关心的人，你会尽最大努力做出补偿，修复你们的关系。在这一点上，你始终如一，不会因害怕对方的责难或抱怨而带有戒备心理。你已经意识到，自己的消极态度会让对方更难受，哪怕你的本意是好的。同样，如果你在一段关系中深受伤害，你也会给对方提供机会，尝试与对方一起修复创伤。在这种情况下，你从来不会心怀怨恨。

你建立恋爱关系的方式也非常温婉随和。有时，我们恨不得马上找到自己的意中人，但这往往不太可能，我们依然需要花费一些时间。不过这也没关系。当你找到自己感兴趣的人时，你往往要花一些时间和精力去了解对方。即使你已坠入爱河，也依然会在心里进行长期安排，评估自己和对方是否真的合适，并在决定是否要继续和对方约会时，将这一因素考虑在内。你会考虑长远的未来，提前做好人生规划，但若现实情况不那么有利，你也不会过分强调细节或沉湎于过去。

同某人交往时，你会鼓励双方朝着共同的目标和愿景积极进取，达到"1+1>2"的效果；而不会故步自封地与对方进行"零和博弈"[1]，更不会把对方视作你的竞争对手，只允许一个人如愿。

虽然安全型依恋的建立并不基于单一因素，但确实有一些早期条件促进了它的形成。比如，幼年时父母的关怀和重视，老师、朋友和其他家庭成员的支持、鼓励与赞扬。无论在家里还是在其他地方，你的生命中都有一位指路人，在你需要的时候给予你慰藉和指引，在你探索世界时，充当你的后盾和港湾。这反过来也让你信心十足，大千世界的复杂性不会令你望而却步，你也会机智地以各种方式应对生活中的困难，最终，大部分问题都会迎刃而解。这并不是盲目的自信。你的生活态度以及你的处世方式，会让你理解人生和人际关系本质上都是不断发展的，你知道，永远有一段新的旅程，等待着你去探索、发现。

如何建立可靠的人际关系

建立可靠的人际关系，是一个渐进的过程，你需要培养一些技巧，懂得如何去努力。你投入的时间和实践越多，你就越有可能得到好的结果。现在，不妨花点时间盘点一下你记忆中做得出色的事，以及那些你想改进的事。（即使你的依恋类型是不安全型，这个练习也非常值得尝试！）

---

[1] 参与博弈的双方在严格的竞争下，一方的收益必然意味着另一方的损失。在零和博弈中，博弈双方的收益和损失相加的总和永远为"零"，故双方不存在合作的可能。——译者注

浏览下列清单，在你做得很好的项目前打钩，在你想要提高的项目前标记加号。

- ☐ 能够发现我关心的人对我不够诚实的蛛丝马迹
- ☐ 及早发现我所关心之人在交流中感到不安
- ☐ 发生冲突时也能保持高效沟通
- ☐ 对我所爱的人传达欣赏之情，并时常向对方送去赞扬
- ☐ 安抚对方
- ☐ 了解自己在时间、情感、躯体感觉、安全感等方面的界限
- ☐ 同对方交流自己的感受、需求与欲望
- ☐ 在关系中起主导作用
- ☐ 擅长与对方协作，追求共赢，共同进步
- ☐ 防止压力升级，缓解紧张气氛
- ☐ 向对方表达感激

上面这些项目，能够帮助你在亲密关系中提升安全感。回顾一下你做得很好的项目，给自己鼓鼓掌！

至于那些你尚觉不足的方面，你能想出什么方法来弥补？如果目前没有什么主意，可以咨询一下你比较敬重的朋友，征求他们的建议。

_____

_____

_____

_____

哪些方法可以弥补这些不足？

例如：我可以看关于欺骗行为的纪录片或科普视频，以便更好地判断人们是否诚实。我也可以参加兴趣班，学习如何同搭档更好地合作，并在遇到困难时发挥主导作用，寻求双赢的解决方案。

_____

_____

_____

_____

安全型依恋在人际关系中的表现

就像具有不安全型依恋模式的人在与人交往时并不会时时刻刻把他们的压力（以及焦虑或回避倾向）表现在脸上，安全型依恋者也不会时时刻刻表现得安心、沉稳。当危机真正出现时，他们的不安全感也会被引燃，但他们脑中早已成型的正向反馈机制会快速地帮助他们解决问题，让他们重回正轨。

安全型依恋者通常着眼于当下，他们对外界刺激做出的各种反应总是更为稳健。他们不太担心未来会变得不好，也不会沉湎于过去；他们的首要任务是解决当下的问题，虽然这听起来确实有点难。不过，若有人不同意他们的观点，他们也可以在不贬损对方的前提下，同对方进行逻辑严谨又言之有理的辩论。

他们发自内心地乐于同他人协作；他们重视公平，努力追求公平，不会损人利己；他们不会因为他人而放弃自己的需求；他们常以身作则地平等待人，非常欢迎同伴大胆地说出他们的需求。

安全型依恋者倾向于相信自己的直觉，并且有足够强的能力在应对危机方面发挥主导作用。对此，他们简直天赋异禀。他们的精神和情绪比一般人更稳定，因此，当有人对他们抱有消极情绪时，他们也不会受到很大的影响——压力不会触发他们的焦虑情绪，也不会使他们反应过激；他们内心坚定，很少退缩，因此，与他们同行的人也很少产生被遗弃感或无助感。

对他人的感知

虽然依恋理论根据依恋类型对人进行了分类，但是有一项非常重要的原则需要遵循，即不要轻易地给任何人定性或贴上固定的标签。安全型依恋者在同他人合作时，往往偏好公平与协作，但实际上，任何人都可能带有这种倾向，不能因此认定一个人一定是安全型依恋者。对依恋理论的学习者来说，不能基于标签化、脸谱化的概念先入为主地下结论，要能够识别以安全型倾向为主要特征的行为模式，这有助于找到有效的行事方式，确保人际关系健康发展。

与安全型依恋者交往是一种什么样的体验

与安全型依恋者交往，通常会有这样的感觉：想象一下你正在学习把 3 个球连续抛起来、接住、再抛出去的杂耍技巧。一开始，你的动作很不娴熟，只偶尔让球在空中画出满意的弧线，但球依然会时不时地掉下来。有时你可以让球在空中轮转一段时间，它们还是会掉下来，你只得继续练习。这时，你看了一眼你身边的人，他同样掌握不了这个技巧，但他同样也在练习，只不过动作有时比你更稳健。即使球掉在地上，他也会很快捡起来，重新开始练习，全神贯注。你看到他练得那么认真，动作是那样有趣，也不禁摩拳擦掌、跃跃欲试。他的存在，让你觉得有了依靠，你不再焦虑，也开始专心致志地练起来。最终，你们两个都颇有成效，内心非常满足，你们也十分享受这样的过程。

若要准确识别安全型依恋，你还需要知道，有哪些由不安全型依恋触发的行为会被误认为安全型依恋者的行为模式——心理学博士斯坦·塔特金（Stan Tatkin）称其为"伪安全依恋"或"假性安全依恋"。这样的行为模式尤其会在一个人初次了解安全型依恋时对他造成困扰或误导。下面是一些人际交往中常见的互动，它们有时与安全型依恋行为非常相似，你需要识别其中的假性安全依恋。再次提醒大家，完美的安全型依恋仅仅是一种理想，我们总有进步和成长的空间。

假性安全依恋具有以下特征。

- 时常迎合你的需求，有意满足你。

  一段关系是属于两个人的，如果有人口头上表示他们非常赞同你的观点，而行为却让你觉得他们并不这么想，或者让你将信将疑，那么这说明你们双方处于假性安全依恋的状态。如果你无法确定对方的想法，那就问问他为什么赞同你，以此来印证自己的猜想，看看对方究竟是在应付你，还是真的认可你。

- 看上去很完美或在社交媒体上表现得相当完美。

  我们需要知道，我们日常看到的大部分信息，是他人有意让我们看到的，甚至是伪装出来的。或许表面上你和对方的关系非常融洽，但你无从得知你们真正深入交往后对方是什么样的。因此，尽量不要轻信那些没有证据的内容，更不要基于自己的认知假设对方可能是什么样的。

- 用抱怨来回应你的担忧或不满。

  他们会以"这不公平"为借口，拒绝承接你的负面情绪，哪怕这些负面情绪因他们而起。如果他们顾左右而言他，这通常意味着他们无法承受你的反馈。如果发生这种情况，你要追问对方是否愿意先就事论事，继续谈论你提出的问题，然后再去解决他们对你的抱怨。当然，这种协商的前提是，对方的抱怨是成立的，并且你也愿意就此展开交流。

- 总能在你需要时为你提供支持，但似乎从不需要你的帮助。

  如果你希望双方在这段关系中能够相互扶持，那你可以考虑一下为什么他很少向你提出需求。这也许会给你们的关系带来负面影响，比如，让你觉得自己的生活就是个急需收拾的烂摊子，让你觉得自己成了对方的负担……想想情况是否如此。

- 声称他们有按照自己的意愿行事的自由，因为他们不想被控制。

  大体来说，这没错，人们的确应该按照自己的自由意志做出选择，但人们也必须接受现实，即自己的行为也会对他人造成影响，他们追求的自由可能让别人不适。如果发生这种情况，请明确自己的界限，熟知自己的"容纳之窗"，给自己的安全感设定底线。记住，你有权决定自己接受什么样的相处方式。

- 执着于某些让他们感到焦虑的问题，全然不顾这会令你难以忍受，或硬要在不恰当的时机处理这些问题。

  诚然，处理自己在意的问题是很有必要的，但结果并不总是令人开心的，有时它会给别人带来困扰。因此，忽略自己或伙伴的极度不适，强行表达一些对方无法接受的内容，是十分危险的。如果发生这种情况，请给双方一些时间，允许就这一话题进行充分讨论。你可以选择面对面交谈，但书面沟通也是个不错的方式。要是你觉得两小时太久，那就只谈一小时。

- 你伤心时，对方没有与你共情或安慰你，反而怪罪你。

  当人们有安全感时，他们不会因为你有负面情绪而责怪你。如果你被人责怪，试着推测一下对方为什么要把责任推到你身上，甚至可以直接询问对方，看看他是否也感到焦虑或不适。

- 批评你不会与人相处。

  这种情况通常比较严重，因为臆断或施加羞辱是一种非常原始且粗暴的将自己的影响力强加于人的方式。这不同于普通的批评或问责，后者通常有着明确划定的责任或义务，哪怕是口头约定也一样。这样一来，如果出了错，双方只需要把注意力集中在需要处理的问题上面，而不必对当事人加以责备，因为徒劳的责备既于事无补，又会使双方的关系恶化。如果发生了这种情况，你可以退一步想想自己当初是为了什么才同此人相处。随后你可以做出决定，是尝试通过更富有成效的对话来改善现状，还是果断地以另一种方式回应。

我们需要知道的是，识别安全型依恋的过程非常微妙，可能需要体会好一阵子才能逐渐理解。不过一般来说，在人际交往过程中，安全型依恋行为为对方提供了充足的空间，让大家都能感到舒适，也让大家的需求都得到满足。如果以牺牲其中一人或多人的需求或利益为前提，来满足其他人的需求，那这就不是安全型依恋。直白地说，安全型依恋者是不会损人利己的。

我们接下来继续探索安全型依恋的细节。如果你不知道是什么想法或感受促使一个人做出决策，你便无法区分一个人到底是安全型依恋者还是不安全型依恋者。想象以下情景。

你的两个男性朋友，德鲁和阿伦，都即将与各自的未婚妻步入婚姻殿堂。他们告诉你，他们最近遇到了相同的问题——他们的伴侣都不想要小孩。尽管你知道，他们两个都很喜欢孩子，但经过认真考虑，他们都同意向未婚妻做出重大让步，放弃成为父亲的机会。不同的是，德鲁是以安全型依恋为导向和未婚妻沟通这件事的，而阿伦则是不安全型。

德鲁尝试理解未婚妻卡丽的立场，他也解释了自己的想法。最后，经过一番促膝长谈，他们达成了共识，认为双方的追求不同，并且都具有正当且自洽的理由。他也知道，卡丽在这一点上不会让步。他不想失去卡丽，也不想失去做父亲的机会，这两个结果都令他感到悲伤，但是他转念一想，没有孩子，他也能感受到快乐（毕竟他现在并没有孩子），但若失去卡丽，他不知道自己还能做什么。这个想法促使他做出了让步，只不过，德鲁也提了条件：他们要参与侄女和侄子的生活，比如周末和他们去野餐。在达成一致后，德鲁很高兴，很快将这个问题抛诸脑后，这样他们就可以充分享受二人世界。

阿伦和他的未婚妻威尔玛在过去两年里为要不要孩子的问题争论不休，现在，他已经精疲力竭，威尔玛却始终不肯让步。他不想失去这段感情，他也不知道下一步该怎么做。他认为，如果他从此对孩子的事闭口不提，他们就不会再为此争吵。因此，阿伦接受了失败，并告诉威尔玛，他不会再提这件事了。不过，每当他想到这一结果，都非常后悔自己的决定，他不仅感到揪心和怨恨，还认为自己比威尔玛更愿意为这段关系牺牲，二人关系的天平已悄然偏斜。

尽管德鲁和阿伦都决定在自己的立场上做出退让，放弃做父亲的机会，以此来维持他们和未婚妻的关系，但他们的动机不同，也因此体验了不同的结果。通过这两个案例我们可以知道，要准确判断某人的依恋类型，不能只看这个人的行动，还要了解这个人做出决策的动机，以及他的想法和感受。

面对不容易解决的问题，比如，二人想要一起生活却各有追求，我们要先站在安全的立场上去思考、开展行动，这样才能以清晰的头脑处理复杂的矛盾。

两种不同的决定

正如我们在德鲁和阿伦的案例中看到的，不同的依恋类型、不同的处理方式，可能会造成几乎相同的结果，即使如此，我们做出决定之前的揣度、做决定时的纠结、做决定之后的畅快或自怨自艾，会长久地伴随着我们，让我们产生不同的想法和感受。

在这个练习中，基于你在某段关系中做出的抉择，你可以从正反两方面考量，探索你做出抉择的原因。下表将以德鲁和阿伦放弃当父亲的机会为例分析他们是如何做出抉择的。

做出的抉择： 做出重大让步，同意不要孩子，即使自己非常想当父亲	
不安全的处理方式（阿伦）	**安全的处理方式（德鲁）**
1. 惧怕失去这段关系	1. 失去伴侣和失去做父亲的机会都会让自己难过
2. 犹豫不决，不知所措；不直面冲突，直接放弃自己的诉求	2. 可以接受没有孩子的生活，觉得这个后果要好过失去自己十分重视的伴侣
3. 避免矛盾升级，免得双方都难过。从这个意义上讲，做出让步是有意义的	3. 将自己的诉求转化为可协商的条件，并以此为前提，做出让步
4. 心中怀着懊恼、怨恨和挫败感	4. 最终做出自己不会后悔的决定，因而能继续前行，也让自己舒心

基于你曾在人际关系中做出的抉择，完成表格。想想你当时的想法和感受，看看自己的处理方式是安全的还是不安全的，然后在对应的栏目填写，哪怕写下的是你推导出来的也可以。这项练习的重点在于学会识别你的想法和感受是建立在安全还是不安全的基础之上。

做出的抉择	
我的抉择：	
不安全的处理方式	**安全的处理方式**

请思考两个问题。

1. 什么能帮你在人际关系中做出安全的抉择？
2. 什么会导致你做出不安全的抉择？

面对他人的安全型依恋，我们应该如何应对

如果你在一段关系中发现了安全型依恋的迹象，你很有可能觉得，对方非常乐意同你一起寻求最佳结果。因此，你最好的回应方式便是以双方都满意的方式欣然开始交往。若你们都这样想，那么这段关系便拥有了化解冲突和矛盾的巨大潜力。

当然，这也意味着你需要尽可能清楚地阐明自己的需求、愿景，以及你在双方所面临的问题上的立场。在沟通时，你也需要设身处地地理解对方的需求和期望。

面对冲突时，你要把注意力放在你们的共同目标上。如果你们是一对恋人，你肯定希望在遇到新的挑战时双方的关系能够得到巩固或强化；如果你们是商业合作伙伴，你们的目标便可能是明确双方的合作需要秉持什么样的价值观；如果你们是亲子关系，那么你们不妨把目标设为探索一种平等的关系，以朋友的方式相处，以全新的视角看待并解决问题。

如果有任何东西阻碍了你们朝共同目标前进的脚步，请先解决它们。当然，这些阻碍可能源自外部关系、责任划分或人员短缺等。

想象冲突之下的安全型互动

当人们陷入快速升级的冲突时，大多数人很难注意到对方悄然伸出的橄榄枝——有时对方已经打算让步，给我们台阶下，我们却全然没有发现。若错过了这些重归于好、修复关系裂痕的窗口，争吵通常会持续更久，双方承受的压力也会更大。

回想一下你有没有这样的经历：你陷入一段不太顺利的人际关系，而对方正因惶恐或受到伤害而反应过激。想想当时的感觉，你有什么样的想法和躯体感觉？

对方做了什么才触发了你这一系列反应？

_____

_____

_____

现在，想象一下，如果对方会读心术，能够体会你当时的感受，也能读懂你的想法；想象对方此时正努力与你共情；想象这个人正温柔耐心地与你对话，眼睛里闪烁着温情的光芒……你现在有什么感觉？

_____

_____

_____

现在，你可能感觉好多了。当知晓我们所关心之人正真心为我们考虑时，我们会瞬间觉得安心。那不妨敞开心扉，让这种温暖的感觉扩散，享受这种美好。现在，再想象一下，你为对方的回应表达感激之情，你会如何表达？你会如何鼓励对方继续？（例如，我会给他们一个大大的拥抱，感谢他们的体谅，并告诉他们，他们做出了哪些让我感觉很好的行为。）

_____

_____

_____

学会接纳

学会接纳对健康的人际交往来说至关重要。学会接纳或许意味着，你需要接纳伴侣的想法和感受，明白你做出了让他们失望或伤心的事情；学会接纳也可能意味着接受那些能够影响你们关系的外部环境。如果把一段人际关系看成一个菜谱，那么学会接纳就相当于收集必要的食材和调料。如果你遗漏了某种食材或使用了不合适的替代品，那么无论你多么努力，做出来的菜都不可能如你所愿。

接纳自我

和前两章一样，学会接纳，要从接纳自我开始。你每隔多长时间确认一次自己的状态？你又是从何时开始承认自己并不完美的？接纳自我，意味着明白有些事情自己无力改变，要顺其自然，与之和平共处，这样你就不会白白花费宝贵的时间和精力去对抗它。当你面对无法改善的外部条件、无法消除的身体或情绪上的感觉时，你都可以尝试顺其自然。这些事情都会过去，我们无法控制它们，也没有必要去控制它们。

接受自己的不完美

想想你过去的人际关系，你希望自己在哪方面变得完美？你又会因自己哪方面没做好而自责？（例如，我让对方不高兴时，我就会很自责。）

_____

_____

_____

你在自我批评的时候有什么感受？（例如，我感觉非常沮丧、气馁。）

_____

_____

_____

当出现这种情绪时，你会怎么做？（例如，我会暴饮暴食。）

_____

_____

_____

过度的自我批评通常是无益的，并不能帮我们改变现状，也无法催生更健康的行为方式。我不愿探究一个人对自己究竟能有多苛刻，我只希望你能在繁忙的生活中留点时间给自己，关爱自己，不要苛责自己，更不要让自己的身体付出代价。当你被负面情绪包围时，你抛弃了什么？你健康的身体？你的自尊？你的时间和精力？现在，想一想，你还剩下什么？你丢掉的那部分对剩下的部分有何启示？

_____

_____

接纳他人

我们在接纳他人的安全型依恋模式时常常遇到的挑战是，别人的依恋类型和自己的依恋类型迥然不同，以至于让我们感到陌生。毕竟，大多数人是通过自己熟悉的方式，也就是自己看过和经历过的方式，去辨认爱意和关怀的。如果有人以不同的方式关心我们，即使感觉不错，我们可能也很难将其视为他人对我们的爱或关心。

看看这个案例。塔莎和莱尔在一起已经 6 年了，正在考虑是否结婚。塔莎有着安全型依恋模式，而莱尔的依恋类型则更具不安全的倾向，主要表现为焦虑。下面的对话说明安全型依恋模式会让不安全型依恋者产生怎样的困惑。

"你怎么能确定，我们就是彼此对的人？"莱尔问道。

"虽然我不知道将来会发生什么，但我认为我们能过得很好。我知道你会努力让我们的生活变得更好，我也会。"塔莎解释道。

"但有时我会幻想，如果有人愿意跟我住在城市里，时常外出旅行去看看这大千世界，我会更开心。"

"嗯，如果这对你很重要，我想，我有空可以和你一起去旅行，我们可以就居住地的问题达成共识。"

"我知道，你以前提过。"莱尔停顿了一下，想了几秒。他更加焦虑了，补充道："但是你怎么能这么肯定呢？如果你到时候反悔呢？如果我和别人在一起会更快乐呢？"

莱尔除了塔莎自然没有别的意中人，但是缺乏安全感的人有一个特点：难以做出决定，别人也很难与他们达成一致。

塔莎并不能预知未来，但她很了解莱尔。她知道莱尔向来对长远的决定和承诺犹豫不决，即便莱尔已经对她的解释相当满意，况且莱尔担心的情况目前一次都没有发生过。她还记得几年前，莱尔在找公寓和规划读研目标时，也经历过类似的纠结和焦虑。

不过，塔莎的自信并不总能让莱尔感到宽慰。有时候，莱尔觉得塔莎充其量只是一厢情愿；还有些时候，他觉得塔莎断言未来之事的样子很愚蠢。他过去所经历的亲密关系无一不教会他这个道理：人与人之间的良好感情向来无法持久。他也逐渐习惯每隔几年就更换身边的伴侣。因此，他觉得塔莎对他们的关系会持续下去的信心和期望是不切实际的。在经过几次咨询后，莱尔又花了好一段时间才逐渐懂得，原来他们的立场差异源自其不同的依恋类型。

关系优势

你和伴侣在相处时，双方都有怎样的长处和优势？当你与安全型依恋者互动时，意识到自己的关系优势对你很有帮助。想想你们双方对这段关系的贡献，以及你们彼此分享的技能和特质。

你可以从你有过的人际关系中选择一段特定的关系，对方可以是你的恋爱对象，也可以是你的家人、朋友等。在"我"一栏中，为你在这段关系中表现出的特质打钩；在"对方"一栏中，给对方的优势打钩。

我	对方	优势
		诚实
		公平
		愿意努力
		有同理心
		开放包容
		值得信赖
		能成为他人灵感的源泉
		乐于做出承诺
		乐于协作
		知错就改
		提供支持
		同舟共济
		值得依靠
		坚定且始终如一
		能够积极地向对方提出异议
		有童心
		幽默
		乐于感激与赞扬他人
		有奉献精神
		其他

你们对这段关系的贡献可能相同，也可能不同。如果不同，你可以想一想，伴侣表现出的这些技能和品质，会不会让你感到不适。如果会，你要试着打开心扉，大胆地接受，一点一点熟悉新的感受。

健康的沟通和交流

拥有亲密且有价值的人际关系通常被视作为数不多的能预测生活幸福感的因素之一。这样的关系使人们能够以最真实的自我同他人相处，受人理解，被人支持。能否从人际关系中获得幸福，常常取决于一个人是否善于沟通。

若要在亲密关系中进行健康的沟通，我们需要意识到，语言沟通永远无法做到十全十美。尽管人们并不希望出现坏的结果，但人们总在不经意间说错话或误解对方的意思。如果坏的结果已然出现，我们就只能尽最大努力展现善意，并慷慨地原谅。

几乎所有教人健康沟通的导师都秉持这样一条核心原则：让说话者专注于自己，而不是他人。许多沟通专家鼓励人们使用以"我"开头的陈述句，即第一人称陈述句，主要描述自己的想法或感受，而不是使用以"你"开头的陈述句去评价别人。例如，与其说"你从不在乎我的感受"，不如说"我觉得我没有得到应有的关心"。第一人称陈述句的应用可以在处理人际关系时起到有益的作用，不过它有时也会导致混乱，因为许多以"我"开头的陈述句实际上并没有传达出关于发言者本身任何有意义的内容，比如"我觉得你很无知"。

什么样的第一人称陈述句是有效的

说出以"我"开头的陈述句，是为了给对话双方创造机会，用你最熟悉的方式，贡献你所熟知的内容，从而让听者更多地了解你。毕竟，每个人最熟悉的是自己。这样的陈述句越能表露自我，你与你想亲近之人的沟通就越有意义。

下面是一个具体的例子，虽然很简单，但它能够有效地向听者传达发言者的信息。

我想早点去开会，我不喜欢迟到。

下面同样是一个以"我"开头的陈述句，但这句话的意思就不像上一句那么明确。

我觉得开会时间也太早了。

虽然这句话确实表达了发言者的想法，但它并没有传达出与发言者有关的任何实质性内容，听者无法判断发言者到底是谁，也无法判断发言者到底有什么样的经历。我们能判断的只有关于会议开始时间的零星信息。

以下练习将帮助你学会用以"我"开头的陈述句表露自我。阅读下面的句子，如果你认为这句话揭示了发言者某些有意义、有价值的信息，请圈出"是"；如果没有，则圈出"否"。

1. 我怕黑。 是 / 否

2. 我害得你迟到了。 是 / 否

3. 我觉得你有些无礼。 是 / 否

118

4. 我不要你指导了。   是 / 否

5. 我希望我们能快点解决这个项目。   是 / 否

6. 我觉得大家都不喜欢我。   是 / 否

7. 我非常希望能跟你坐下来好好谈谈。   是 / 否

8. 我放心了，你终于平安到家了。   是 / 否

9. 我再也不会来这家餐馆吃饭了。   是 / 否

答案及参考分析

1. 是。

"我怕黑。"简单的三个字，揭示了发言者自己的内心体验。

2. 否。

"我害得你迟到了。"虽然自责在这种语境下是可以接受的，但这句话包含的信息量依然过少。说话者把过错归咎于自己，却没有给出任何关于自己内心体验的有意义的信息，这不利于双方进一步沟通。

更有意义的说法是："早知道就不花那么长时间了，我明明答应你只占用半小时。"

3. 否。

"我觉得你有些无礼。"这句话仅仅表达了发言者对他人的评价，听者甚至可以认为这是发言者的抱怨。它没有透露发言者自己的想法，也无法给听者提供任何有价值的参考。试着这样表达："我不喜欢你用这种语气跟我说话。"

4. 否。

"我不要你指导了。"这句话听起来更像一种要求或苛责，并没有直接透露关于说话者

处境的任何信息，因此听者无从判断到底发生了什么。试着这样表达："我现在脑袋里有些乱，你的指导我可能暂时用不上了。"

5. 是。

"我希望我们能快点解决这个项目。"这句话确实揭示了说话者的需求，但他其实还可以表达得更强烈、更积极。试着这样表达："我已经开始期待了，如果能缩短工期，我们就可以早点完成，早点回家了。"

6. 是。

"我觉得大家都不喜欢我。"这句话清楚地揭示了一种只有说话者自己才知晓的内在体验。

7. 是。

"我非常希望能跟你坐下来好好谈谈。"这句话清楚地阐释了说话者对自己内在体验的预测，也清晰地传达了自己对听者的需求，让听者能够获取足够的信息来判断自己应该做些什么。

8. 是。

"我放心了，你终于平安到家了。"这句话同样表明了说话者的内心体验，让听者能够了解说话者产生这种感受的原因。

9. 否。

"我再也不会来这家餐馆吃饭了。"若说话者是在决定自己未来的行为，这句话传达的信息才有可能是准确的。但是，这句话无法告诉我们说话者在那家餐馆到底经历了什么。试着这么说："这里的菜又害得我食物中毒了。"这句话虽然不是以"我"开头的，但它确实更有效地展示了说话者的经历。因此，要达到展露自我的效果，也不是只能使用以"我"开头的句子。

强化你的情感纽带

当我们在有益的亲密关系中相互支持、相互滋养时，我们就收获了一个缓解压力的空间，一个可以让我们快活地成长的空间，一个可以让我们自由地向目标更进一步的空间。现在，我们已经知道，建立信任、接纳自己和他人、同伙伴开展明确且积极的沟通，是发展亲密关系的三个关键因素。为了帮助你更顺利地建立情感纽带，体验获得感和支持感，我想带你进一步探讨可能会阻碍关系深入发展的因素。

我想，大部分人都听过这么一句话：己所不欲，勿施于人。这道理亘古不变。成年后，我们依然愿意用友善、诚实、负责等品质善待他人，当然也希望自己能被他人善待。

在亲密关系中，当双方以最真实的状态相处时，我们也能有幸了解我们所关心之人的内心想法，发觉对方不为人知的特殊爱好。我们知道是什么让他们面带微笑，是什么让他们开心雀跃。这一切关于对方的信息，或许与我们了解的有诸多重合，也可能与我们所熟知的一切都不同。

人生中最重要的人际关系都是特殊的。我们可以深入了解对方，并因此有机会为他们量身定制那些积极快乐的体验。

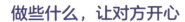

做些什么，让对方开心

要想在人际关系中营造一种充满支持和呵护的积极氛围，我们完全可以做一些让对方开心的事情。哪怕投入一点努力，都可以给双方带来无可比拟的温暖。请完成下面的表格，并承诺自己会在这周内做完表格里的事。

你生命中重要的人	这周内我能做的让他们开心的事
例如，我的弟弟	例如，给他发一条短信，告诉他我为他顺利获得学位感到自豪

122

章节回顾

安全型依恋是一种在与他人亲密接触或依赖他人时不会感受到压力的依恋关系或相处模式。

人们并不擅长管理精神压力、解决外界威胁，但可以通过营造健康的人际关系来应对这些问题。

对关系中的某个问题，安全型依恋者和不安全型依恋者可能会做出相同的决定，只是在相同的结果下，两种类型的人的感受截然不同。只有深入挖掘当事人做出抉择时的动机、想法和感受，才能理解安全型依恋者和不安全型依恋者处理问题的方式的差异。

**在本章，
你能学到以下技巧。**

区分与安全型依恋相关的行为
和与假性安全依恋相关的行为；

使用以"我"开头的陈述句，
使对话双方都能得到有价值、
有意义的信息。

第五章

不同依恋类型间的
相互作用

我们在前面三章分别了解了焦虑型依恋、回避型依恋和安全型依恋，接下来，我们将继续探索这些依恋类型是如何相互作用的。本章为大家提供了不同依恋类型组合的具体案例及相关的讨论与分析。要知道，任何一种组合都可以形成强有力的人际关系，这种关系足以让双方稳健地迎接外部挑战、应对危机，但在各种组合关系形成的早期，双方依然要面对独特的挑战。

不难猜到，在每段人际关系中，随着拥有不同依恋类型的人相识相知、深入互动，人们各自的独特行为模式和倾向也浮出水面。双方的过往在当下交汇，为这段感情留下了独一无二的印记，双方的才能和缺陷也交织成了难以忘怀的记忆。

个人的依恋类型决定了其将以何种心态面对关系内部或外部的压力源，以及如何处理压力源与依恋对象的关系。具有安全型依恋模式的人，常能化压力为动力；而具有不安全型依恋模式的人，其不安全的行为倾向更容易因压力而表现在具体的行为中，特别是在面对吵架、关系暴力、经济窘迫等急迫且关键的决策点或人生中的重大转折时。在这些时期，具有更强烈的焦虑型依恋倾向的人，会对同伴抱有更大的希望，会向其寻求支持或认可；而具有更强烈的回避型依恋倾向的人，可能更喜欢一个人躲起来消化压力，直到雨过天晴。等到境况好转，安全感再度回归，他们便会重新回到对方身边，确保他们二人都已渡过难关，而经过锤炼的依恋关系也会更加紧密、和谐。

在大多数情况下，人们无法预测也无法控制自己会产生什么样的依恋反应。正如第二章所言，这些不安全的反应模式是后天习得的。尽管人们可能意识到了这些行为对自己无益，他们也很难自发地去改变。如果我们任由这种不安全的依恋类型和其促成的行为模式肆无忌惮地发展下去，在举手投足间影响我们，那么我们在人际关系中遇到的问题可能会反复出现，最终导致我们陷入恶性循环。但如果我们能及时发现、及早干预、打破循环，留意自己和同伴的依恋类型，并尝试改变令人不满的现状，那么，相信你自己，一切还不晚。

本章学习内容

你将在本章了解我们所学的 3 种依恋类型产生的 6 种组合：焦虑 - 焦虑型、回避 - 回避型、焦虑 - 回避型、安全 - 焦虑型、安全 - 回避型和安全 - 安全型，以及这些组合在互动中反映的最具指导价值的迹象。这些信息将帮助你了解你的依恋类型在人际关系中的体现，了解你在互动中展现的优势和缺陷。我也提供了与每一种组合相对应的案例和描述，在这些真实发生的互动中，你可以看到双方是如何共同努力形成安全和谐的关系的，你也能够识别使关系陷入僵局的陷阱，并学会在今后的交往中避免犯同样的错。

本章提供了具体的练习，引入了趣味游戏，营造仪式感和氛围，以激发关系双方的亲密感，帮助你们强化发展，建立稳固的关系。不过，值得一提的是，这些练习不是仅仅为恋人设计的。每种依恋组合都会有相应的推荐练习，以更好地"对症下药"。如果你暂时无法和你中意的对象一起展开，也不要担心，先从身边找一个信任的伙伴。你只需要把这些内容分享给对方，让对方知道你想完成这些训练的原因，并询问他们是否愿意和你一起完成。我想，大部分人是不会拒绝的。

我最喜欢的游戏

本章适合以一种开放的、幽默的心态来阅读。还记得小时候玩游戏时有多兴奋吗？调动你的童心和孩童般的想象力！以探索的心态学习或尝试解开那些稍有挑战性的小难题，大脑会处在最佳的工作状态。因此，游戏和玩耍对成年人同样有益。在游戏中，我们联想、思考和创造的能力会有所提升，轻松的环境也利于我们体验更多的积极情绪。

为了让你回忆起小时候玩游戏的感觉，请在下面列出三到五个你从小到大最喜欢的游戏。

_____

_____

_____

_____

阅读本章内容时，想象自己在和小伙伴嬉戏打闹，或者在玩电脑游戏，请把这种情绪保持下去！

焦虑－焦虑型组合

处于焦虑状态的两个人，往往能够让关系充满戏剧化的激情——双方都担心自己会被对方抛弃，双方在为对方付出时也都毫不犹豫。这种依恋关系会催生一种内生的冲动，促使双方自发地敞开心扉，毫不掩饰自己的情感，也很少隐瞒自己的想法。即使偶尔犯错，他们也能持开放包容的态度。

不过，对这类亲密关系，最糟糕的状况便是双方都陷入无法自拔的挫败感和被遗弃感，这会让两个人都遭受巨大的精神痛苦。这种被遗弃感的触发因素因人而异，但对于焦虑型依恋者来说，这种情绪有时会莫名其妙地占据心头。贝丝和茜茜就是这样。

贝丝和茜茜都三十多岁了，十多年来，她们一直是彼此最好的朋友。她们有很多共同点——二人都是焦虑型依恋者，都是律师，口才都很好，并且两个人都很享受在法庭上据理力争的感觉，平时也常一起看辩论赛。不过，近几年，她们的友谊出现了一些小插曲，二人的不安全依恋倾向在不经意间表现得淋漓尽致。比如，茜茜独自去看了音乐会，没有邀请贝丝，让贝丝觉得二人的关系淡了，并为此烦恼了一个多月；过了一段时间，茜茜在工作中遇到难题找贝丝帮忙，贝丝虽然满口答应，却始终没有把提案发给茜茜，这也让茜茜念叨了很久。好在，她们虽有不满，但心直口快，能很快解决矛盾，并调侃对方。双方都很重视同对方的感情，因此，经历这些事后，她们没有产生任何嫌隙。

她们的关系第一次遭受真正的考验，始于茜茜结婚生子。贝丝给茜茜打电话，但茜茜一周后才回话。从前茜茜都是当天就会回话的。婚后，茜茜承担起家庭的责任，少有的空闲也花在跟其他有孩子的邻居打交道上。贝丝想约茜茜逛街，茜茜总是没空。贝丝发现茜茜交了很多新朋友，不禁有些嫉妒。

而茜茜这边呢？她很开心能够组建自己的家庭，能履行作为妻子和母亲的义务，但这突如其来的角色转换也着实让她有些难以应付。她开始羡慕贝丝的自由，又觉得贝丝自己在外面潇洒，该逛街逛街，该看电影看电影，明明是贝丝"抛弃"了自己。她多希望贝丝能常到自己家玩，说不定周末还能让贝丝与自己和丈夫一起去野餐呢。她越想越气，觉得贝丝根本没有用心维护与自己的感情。

几个月来，她们都在互相抱怨对方对自己的轻视，这只会让她们为对方的"指控"而辩驳。贝丝指责茜茜因为结婚忽略了二人的友情，而茜茜认为，既然自己有了孩子，那贝丝就更应该加倍努力去维持双方的友谊。显然贝丝并不同意这一观点。"这是什么道理？明明是你抛弃了我！"贝丝控诉道。巧的是，茜茜也认为自己被抛弃了。

还好，她们都意识到了问题所在。她们的感受是相似的——她们都想念对方，但都不知道该如何应对生命中的变化，不知道如何适应自己角色和责任的改变。经过一番促膝长谈，她们不再相互指责，也不再抱怨自己的压力有多大，她们都知道自己珍视这段友情。说到底，争吵也是因为彼此在乎。

任何具有焦虑倾向的依恋关系，都需要冗长的磨合过程，其中当然不乏怄气和谴责。不过，双方一般都没有恶意；双方都非常希望找到令人满意的解决方案，并愿意为此努力。然而有时即使付出了努力，不安全感和焦虑依旧容易造成恐慌，尤其是在沟通不充分的时候，好意更有可能遭到误解甚至歪曲。长期存在的不安全感很容易让人形成主观臆断，把所爱之人的善意行为套上恶意的帽子，这并不是因为糊涂，而是因为在压力之下，焦虑占据了大脑，促使人未经仔细思考便基于恐惧对事情做出了不合理的解读，就像贝丝和茜茜一开始经历的那样。一般来说，这种情况的结果是，尽管双方尽了最大努力来维护关系，但类似的争吵还是一次又一次地上演。

当然，这种恶性循环也不是不能打破。如果双方都能意识到存在问题，意识到敏感脆弱的神经和"慌不择路"的焦虑倾向其实是被某种因素触发的，那么，通过健康积极的沟通、相互理解且和善的回应，他们便能够釜底抽薪，从源头解决问题。这一经历反而能成为机遇，加深双方对彼此的了解，强化情感纽带。经常焦虑的人可以本能地理解被遗弃的痛苦，同理心发挥作用后，关系双方会更加重视对方，更加亲密无间。

游戏：由"不行"到"行"

适当的边界感是让关系充满安全感的基石，因此，我们很有必要去了解自己和周围的人的"好"和"不好"、"行"和"不行"到底是怎么样的。对于焦虑型依恋者来说，对别人说"不"，可能是很难甚至很可怕的事。那么，在这个游戏中，我希望你能敞开胸怀，去探索自己和伙伴的边界，这期间，请密切关注自己和伙伴的状态。这个游戏以局为单位，每一局你们双方都要连续对对方说若干次"不行"，直到觉得可以，再说"行"。

对于不断提出请求却不断听到"不行"的另一方来说，这也是一个好机会，可以尝试利用反馈循环来完善方法，不断尝试新的策略，基于友好协作的态度训练自己提出请求的方式并努力让对方实现。在这个游戏中，除了语言沟通，你也需要尽可能多地调动声调、语调、眼神、肢体语言等交流工具。经过反复尝试，你的语言和非语言沟通技能将得到全方位的提升。不过，请记得，保持玩耍的态度，这只是一个游戏！

1. 找一个舒适的地方，双方以舒服的姿势面对面坐下（可以在地上放两个坐垫，也可以一起窝在沙发上）。你们的距离需要足够近，近到可以轻易地进行眼神交流，并读懂对方的微表情。分配好角色——接下来谁是 A，谁是 B。

2. 玩家 A 的任务：选一个你平时最常用的短语，不断重复你的请求。例如"好不好"（或"行不行""可不可以"，但一次只能用一种）。你不能使用任何其他词语，但你可以不断地改变你的情绪、态度、语气、语调、表情等来表达你的请求，甚至可以尝试使用眼神、肢体语言或其他交流方式，来使自己的情绪更丰富。如果一开始不知道怎么玩，你也可以想一个具体的请求，比如"周末一起去看电影好不好"，但一定不要让对方知道内容是什么，仅仅问对方"好不好"。反复尝试，直到对方同意。

3. 玩家 B 的任务：斩钉截铁地对对方的第一次请求说"不"，并一直拒绝，直到你感觉对方的情绪变化超出了"容纳之窗"的范围，或者自己真心实意地想说"好"。如果一开始不知道怎么玩，你可以假设对方提出了一个具体的请求，如"我能不能吃冰激凌"，来帮助自己理解或代入情境，但请不要让对方知道你的假设。

以下是可供思考的问题。

- 拒绝对方时，你有什么感受？
- 什么情况下最容易拒绝？
- 当你觉得应该说"好"的时候，你的身体有什么感受？
- 对方的哪些变化让你想说"好"，让你想答应对方的请求？
- 如果你在一局游戏中始终没有说"好"，你觉得对方怎么做才能让你发自内心地想应允对方？

笔记与心得：

_____

_____

回避 – 回避型组合

两个回避型依恋者在建立关系的早期，通常都很轻松。"吵架？我们从来不吵架。我们相处得很愉快。"他们达成了一种不言而喻的默契——你不惹我，我也不会惹你。

遇到会引起不安的事情时，双方都选择置身事外，这正是回避–回避型组合关系的早期特征。关系双方只是快乐地享受这段关系中理想而简单的一面，并有意无意地忽略了其他方面。

不过，随着时间的推移，当一方或双方的需求和期望发生变化，这种模式便很可能崩溃。若其中一方希望从这段关系中获得一些东西，另一方就会面临不容小觑的挑战。当一方打破了相安无事的默契，甚至开始抱怨，那些未得到满足的需求就变得更加难以忍受。在这个阶段，双方的关系看起来更像焦虑－回避型组合。起初，一方的抱怨可能是轻微而间接的，但如果情况没有改善，挫折感和敌意就会与日俱增，直到引燃导火索。如果双方没有早点意识到情况不对并尝试修补裂痕，那么这段关系很可能陷入困境。

蔡恩和瓦妮莎 12 年前在一场晚会的舞池中相遇，他们一见钟情，迅速坠入爱河，最终步入婚姻殿堂。据蔡恩的朋友们描述，蔡恩非常有趣，且充满活力。瓦妮莎的朋友们则认为她乐于奉献、责任心强，也非常有才华。郎才女貌的二人在一起总是玩得很开心。不过，当二人不得不谈论一些严肃或容易引起冲突的话题时，默契便消失了，玩笑话也枯竭了，连肢体动作都僵硬了。他们不想谈论这些费脑筋的问题，因为他们能很敏锐地捕捉到对方的痛苦，他们都不希望这些问题加重彼此的负担。

他们的逃避方式五花八门。在一起时，他们相互逗趣，或者用其他的消遣方式转移话题。平日里，瓦妮莎额外承担了公司的业务，接了更多外勤工作，把大部分时间都用来出差。蔡恩也总以"为瓦妮莎着想"为借口，对自己的沮丧、心痛和愤懑缄口不言，这最终离奇地让他得了久治不愈的消化性溃疡。几年下来，他再也无法坚持，开始向瓦妮莎倾诉他的不满，这也使他们二人都感到惊讶。瓦妮莎发现，当蔡恩向她表达不满或愤怒时，她对二人之间由来已久的问题的恼怒便会被触发。冲突因此迅速升级。

瓦妮莎和蔡恩发现他们陷入了某种困局，他们长期采用的逃避模式已不再奏效，潘多拉魔盒一旦打开，就再也无法关闭。为了修复二人的关系，他们必须克制自己的逃避或焦虑倾向，这样才能从当前的困境中解脱。他们开始学习处理积压的问题，渐渐地，遇到新问题时，他们能够及时合力解决，这样一来，就不会再次逃避，也避免了让问题积压成旧账，以至于几年后发现自己"负债累累"。

这对伴侣的关系修复取得了不错的进展。他们开始有意识地加强沟通，积极解决矛盾，而不是通过逃避来维持表面的和睦——毕竟，他们也意识到，逃避换回的和睦危如累卵。经过一段时间的学习，他们甜蜜如初，对冲突的警惕和防备心理逐渐减少，学会以一种不那么可怕的方式处理分歧。

回避－回避型组合的双方常滑入不安全感的泥淖，因为越逃避，就越难维持真正的安全感，双方的关系就越不稳定。有意无意地采取回避倾向的策略，或许可以算作缓兵之计，但最终依然要有人为不断变化却始终没能得到满足的需求和愿望买单，否则就会面临关系破裂的风险。随着时间的推移，双方都会觉得自己如同蒙着眼睛在雷区行走——无法判断何时会触碰底线、引爆炸药。更糟糕的是，双方需要付出时间和精力，小心翼翼地维护这段关系，但这会让关系中真正有价值的东西黯然失色。

情绪核查

若不直面个人需求，不揭示自己最真挚的情感，关系的发展很可能重蹈覆辙，密友最终还是会疏远。加深双方情感的一个很简单的方法就是定期对你的情绪进行检查，并告诉对方你真实的感受，而不是每次和对方交谈时都浮于表面，敷衍地和对方说"我没事""我很好"。从自己当前的心绪中分离出准确而具体的情感成分，这看起来无足轻重，但它可以帮助你度过纠结的时日，让你在与他人相处时拥有更强的安全感。你可以与同伴一起完成这个练习，也可以独自完成。

情绪核查清单

高唤醒度消极情绪	人际关系疏离感	低唤醒度消极情绪
害怕	冷淡	无趣
好斗	戒备	消沉
恼怒	失望	绝望
焦虑	疏离	气馁
苦涩	分心	心灰意懒
迷茫	多疑	忧郁
踌躇	羞辱	沉重
暴怒	淡漠	无望
疲惫	嫉妒	失去意义
惊恐	警惕	悲戚
无助	憎恨	麻木
为难	谨慎	伤心
愤慨	孤僻	疑心
恼火		不快
激怒		缺乏兴趣
紧张		
崩溃		
惶恐		
刺激		
沮丧		
担忧		

低唤醒度积极情绪	人际关系亲近感	高唤醒度积极情绪
镇静	接纳	惊奇
专注	亲昵	惊讶
惬意	赞扬	有创意
满足	好奇	渴望
平静	友好	自强
愉快	感激	活力
恬静	喜爱	诙谐
轻松	坦诚	热烈
安全	打趣	兴奋
欣慰	尊敬	希冀
祥和	安心	欢乐
	同情	热忱
	感动	自豪
	信任	惊喜
	珍视	

1. 请自我监督或让同伴作为见证者，在接下来的一周里，每天做一次情绪核查，解释你这些情绪的来源和成因。这有时非常简单，有时可能稍复杂，不要担心，挑战自己，逐步降低情绪的复杂度，让自己易于理解。借助情绪核查清单来形容、识别自己的特定情感。在向同伴描述时，你必须用一个具体的情绪词汇（若前两页的表中没有，你可以自己补充），不能只说"还行""不错"或者其他空泛的词。把你当日的情绪记录在下面的台历中，以便展开讨论。

2. 跟同伴协商，确定每天完成这项日常核查任务的时间以及开展方式。最好采用简单的、双方最易接受的方式，可以当面进行，也可以边聊电话边进行；可以简单地说："来吧，完成今天的情绪核查。你今天感觉如何？"此外，讨论一下你希望同伴以何种方式配合你，是希望对方多认可、鼓励你，是以其他方式回应你，还是什么都不做，只是监督你完成任务。如果你想独立完成这个练习，那么找一个笔记本，把练习时的想法记录下来。

3. 完成一周的训练后，根据你的记录，向同伴汇报你的成果，讨论下面列出的问题。

情绪核查台历

时间	我的情绪	同伴的情绪
周一		
周二		
周三		
周四		
周五		
周六		
周日		

以下是可供讨论的问题。

- 相比你平时常用的和别人分享感受的方法，情绪核查带来的体验有何不同？
- 你从中学到了什么？对自己有没有更深的理解？
- 你是否也对同伴有了更深的理解？
- 你觉得情绪核查的方法效果如何？你是否愿意继续练习？

笔记与心得：

_____

_____

_____

_____

焦虑 - 回避型组合

在依恋理论中，焦虑型依恋者和回避型依恋者的组合通常会展现"追逐 - 退避型动态"（pursuer-distancer dynamic）的互动模式。在这种组合中，双方都如有神助，能敏锐地感觉到威胁的存在，但各自长期形成的本能会将彼此的距离越拉越大。双方很少能凭直觉准确地理解对方的行为，反而常常产生误解，进而受到伤害。这使你们的不安全感进一步加剧。渐渐地，双方的误解进一步加深，以至于一方苦苦恳求，另一方却始终不肯面对。

埃布尔和泽维尔都是 50 岁出头的大学教授，他们已经一起进行了十多年的合作研究。他们都有妻子，他们的妻子均表示，在许多方面，她们的丈夫已经把自己的研究和彼此的关系放在比婚姻更重要的位置上了。

埃布尔的依恋风格更具回避倾向，而泽维尔则显得更焦虑。他们之间的冲突有时激烈得连互不相让的学术辩论都显得像小孩过家家。而平时，他们非常依赖对方，在友谊和默契的协作中获得认可、激励和尊重，这些都是他们所珍视的。

他们很关心对方，但关系又有些复杂。他们在学术上相互竞争，经常产生分歧。双方合作发表学术成果或共同出席会议时，埃布尔平易近人的性格让公众更喜欢跟他交谈，双方公众关注度的落差有时让泽维尔感觉自己被利用了。

泽维尔的焦虑型依恋在这种情况下尽数体现。他觉得埃布尔抛弃了他，独享了他们的共同成果，名利双收。在这种心态下，他不禁怀疑他和埃布尔的友谊以及对方那些珍贵的品质已荡然无存。埃布尔没有领会他的真实想法，还在努力地向社会宣传他们的研究成果，而泽维尔则认为他冷落自己、沽名钓誉。说来，泽维尔年轻时就常被同龄人冷落，被长辈低估，不被所敬重之人认可；成年以后，他变得更加敏感。他开始时不时地抗议，最初只是指责埃布尔自私，后来还威胁要终止他们的合作关系。

但泽维尔不知道的是，寻求关注从来都不是埃布尔的目的，他只是彬彬有礼地对那些关注这项研究、询问有关问题的人说"好"，因为他不喜欢说"不"。他只是想树立自己的声誉。埃布尔的依恋类型同样具有不安全倾向。生活中的烦心事伴随着泽维尔的焦虑层层加码，结果可想而知，他误解了泽维尔，又犯了很多错误。泽维尔带着沮丧和失望与埃布尔对质，说自己为这项研究做的贡献似乎没有得到埃布尔和公众的认可。埃布尔将泽维尔的倾诉和抱怨解读为对方在批评自己的性格，这让他感到深深的挫败，认为伙伴在谴责自己什么都做不好。泽维尔的穷追猛打把他逼得走投无路。他一次又一次试图缓和二人的关系，却无济于事。最后，他终于受够了，开始反击。

直到泽维尔和埃布尔学会理解对方，正视双方的情感，认真对待彼此受到的伤害，情况才有所好转。埃布尔学会了倾听，深思熟虑之后对泽维尔做出回应；泽维尔则学会了以更友好的方式向埃布尔表达自己的不满。他们达成了一致，确保他们在向公众展示项目时，尽可能给彼此均等的出镜机会。他们起初不愿意改变自己习以为常的生活方式，但静下心来解决问题时，又发现这段友谊值得全力维护，即使这意味着他们需要冒险做出改变。

扮演动物

焦虑－回避型组合中的两个人往往会因双方固有的反应模式而无力打破僵局。根据神经科学家斯蒂芬·波格斯（Stephen Porges）的说法，玩耍是对抗威胁的解药。若在一段关系中双方都产生了强烈的不安全感，就需要用尽可能多的方法来降低防备心、舒缓压力、提高安全感。游戏和玩耍便是非常有效的策略。在运动、嬉闹和欢乐中，双方的感情会不知不觉升温。

1. 回想一下你们二人最近的两三次分歧，跟对方商量复盘哪一次分歧。

2. 每人挑选一只动物，可以是你养过的宠物，也可以是其他任何动物。调动你的想象力去模仿这种动物的动作和声音。

3. 现在，双方代入你们选定的那次分歧之中，用你选定的动物的动作和声音，重现你们的冲突。比如，模仿生气的猫咪喵喵叫，模仿发怒的狼狗狂吠，模仿老虎咆哮……当然，蛇的滑行或豹子的炸毛、闷吼等，也都可以。无论如何，不要使用人类的语言。

4. 用手机或计时器设置一个 10 分钟的倒计时，时间一到，即刻停止斗争，或在你们双方觉得吵够了的时候停止。

5. 争吵结束后，借助下面的指导性问题，讨论游戏中出现的情况。

以下是可供讨论的问题。

- 变成动物后，争吵中的体验与之前有什么不同？
- 变成动物后，你对冲突中的对方有什么不同的感觉？
- 进行这项练习时，哪些地方让你出乎意料？

笔记与心得：

_____

_____

_____

_____

安全 – 焦虑型组合

在安全 – 焦虑型组合中，双方的关系既有可能朝着更安全的方向发展，也有可能被拖入焦虑的泥潭。这取决于双方处理冲突的方式，当然，有时也取决于谁是关系中的主导者。更具焦虑倾向的人，常常感到自己的情绪迫切需要被关照，也更容易冲动地发言或行动，因此更能引起对方的注意。在这种组合中，只有焦虑的一方学会自我安慰和自我反思，或者安全的一方学会在必要时帮助焦虑的一方，双方的交往才会更平和。以下是一个安全 – 焦虑型组合的案例。我们来看看当事人是如何陷入这种组合最常见的麻烦的，最后又是如何脱身的。

特伦斯是典型的安全型依恋者。2 年前，他和贝丝结婚。贝丝具有强烈的焦虑倾向。最近，因为一些小事，贝丝和特伦斯的姐姐吵得不可开交。不久后，特伦斯的姐姐举办了准妈妈迎婴派对[1]，却没有邀请贝丝参加。这不禁让特伦斯的小家庭中充满了紧张的气氛。贝丝得知这件事之后，一直很伤心。她自小就常受到姐妹们的欺负，日复一日，她对被拒绝的恐惧不断强化，在亲密关系中更是如此；成年后，这种恐惧甚至会诱发人精神和身体上的连锁反应。现在，无论情况如何，那场争吵都波及了她所在的大家庭，而不仅仅在她和特伦斯的两口之家或她和特伦斯的姐姐之间了。丈夫的姐姐不邀请自己去参加她的迎婴派对，这对贝丝来说简直是灾难。

特伦斯一直在疏导贝丝，帮她渡过这一难关。每当贝丝焦虑发作，特伦斯都会温柔地帮她开解烦恼，和她一起寻找解决方案。特伦斯给人的安全感让贝丝可以放心地依赖他。他很会用幽默的笑话、开怀的欢乐和真挚的热情消弭她的戒备心，让她阴郁的内心重新充满阳光。长期以来，这些方法对贝丝都极为受用，贝丝也非常享受。但这次，贝丝始终无法消除悲伤。在这场冲突中，特伦斯没有选边站，也没有跟姐姐有什么额外的接触。贝丝却清晰地感到自己的痛苦逐渐蔓延，她甚至觉得特伦斯姐姐的讨厌之处跟特伦斯及他的父母都脱不了干系，以至于她开始无差别地讨厌特伦斯一家。这在某种程度上也属于极度焦虑的不安全型依恋者的特征：当高强度的压力源触发他们的焦虑时，他们会将自己的痛苦投射到他们所看到的一切事物上。

贝丝也希望特伦斯能做些什么来补偿自己，比如，她希望他能发誓以后再也不跟姐姐往来，只跟自己好，以此来抵消他姐姐给她带来的难过。但特伦斯觉得，这并不能从根源上解决妻子和他家人之间的问题，反而会引发更多的烦恼。

贝丝再次要求特伦斯与姐姐断绝关系，特伦斯拒绝了，他们陷入了僵局。从这里，我们也可以看到安全型依恋者的特征——特伦斯只是直截了当地告诉了贝丝，自己不同意；

---

[1]　迎婴派对（Baby Shower）是起源于美国的一种文化，主要在准妈妈预产期前一两个月举办，通常是邀请准妈妈的女性亲朋好友到场，到场者会向准妈妈传达吉祥的祝福，传授经验忠告，并送上各种小礼物和宝宝用品，尤其是头胎妈妈，这些礼物就更加丰厚，宝宝用品也更加丰富齐全，以帮助准妈妈做好精神和物质上的双重准备。迎婴派对的气氛通常十分温馨和谐，其乐融融，有时准妈妈收到的婴儿衣物和尿布足够小宝宝用上一整年。——译者注

他没有通过其他方式回绝或与之争吵（这是焦虑型反应），也没有顾左右而言他，回避这个请求（这是回避型反应）。

几次咨询之后，二人学会了建立一个协商框架，来保护他们各自的人际关系，尊重个人与各自家庭的联结。特伦斯学会了认可贝丝的感受，照顾她的情绪，并更细致地缓解她的恐惧；贝丝则努力修复自己幼时被欺负的个人创伤，她现在已经可以更好地控制情绪了，也不再觉得自己和特伦斯的关系受到了威胁。现在，她对他们的感情更加自信了。

贝丝和特伦斯在一起后，一直受益于特伦斯的安全型依恋带来的情感稳定性。尽管她有焦虑倾向，但特伦斯平和的性格、温暖的举止，常常让她感到安心。两个家庭的交集让特伦斯的立场变得复杂，他无法事事以贝丝为先，也无法高效地消除她的烦恼。平心而论，特伦斯无法满足贝丝的要求去跟自己的亲人断绝关系。最后，他们选择接受外部的支持和指导，以双方都满意的方式解决这个问题。

创造"心"仪式

仪式是具有象征意义的行为或行动，可以彰显事物的重要性。在一段人际关系中，定期开展具有仪式感的活动，能够提醒双方珍视这段关系，让双方体会到彼此的重视，也能够突出双方共同认可的交往价值。下面，通过这个练习，为自己和关心之人创造一个别出心裁的仪式吧！

1. 从下页列出的交往价值中，选出你们双方都认为对当前关系的发展非常重要的一项，或者双方各自选择一项自己重视的交往价值。

□　温柔体贴

□　互敬互让

□　心怀感激

□　真诚挚爱

□　开放包容

□　玩闹童心

□　做出承诺

□　愉悦欢乐

2. 想一种你们可以一起做的简单的活动，把从上方选出的交往价值具象化。它可以是一个非常简单的行为，但将其变成一种特殊的仪式之后，这种行为便被赋予了属于你们双方的独特意义。为方便读者理解，我在下面列出一组以茶为中心的示例，分别展示如何将上方列出的交往价值具象化。

温柔体贴：每天晚上轮流为对方泡茶。

互敬互让：每天主动为对方泡茶。

心怀感激：每天为对方泡上一杯茶，认可对方今天的辛劳，感谢对方为家庭的付出。

真诚挚爱：每天晚饭后为对方泡上一杯茶，然后端着茶窝在沙发里聊聊天。

开放包容：每天给对方泡一杯茶，耐心地听对方讲今天发生的事。

玩闹童心：每周（或每月）轮流用新口味或新工艺的茶给对方创造惊喜。

做出承诺：每天在跟对方告别时告诉对方"安心工作，今晚为你泡杯茶"。

愉悦欢乐：每个月都把朋友们叫过来喝下午茶。

3. 一起商量你们想要创造的新仪式，并确定举行这个仪式的时间和频率。如果可能，每天见面的时候都一起做点什么，比如，（对于夫妻来说）每天早上起床后，双方一起做30个仰卧起坐，或（对于同事来说）轮流为对方带咖啡。

在这里记下你们独特的仪式和它的含义：

_____

_____

_____

_____

_____

安全－回避型组合

安全－回避型组合很容易被认作回避－回避型组合或安全－安全型组合。如果具有安全型依恋模式的一方没有起到主导作用，没有去深入了解另一方的依恋风格和行为倾向，那么他们未来便很可能会遇到令其大吃一惊的情况。

乔伊丝和朱利奥是一对三十多岁的夫妇。在一起后的第8年，乔伊丝发现朱利奥和另一个女人发展了关系，他们时常通过手机交流，情感热烈，有时甚至会相互发送一些露骨的信息。乔伊丝跟朱利奥谈了一晚上，朱利奥随即终止了这段关系。他们到我这里接受治疗，看看能否修复双方的信任。这是对婚姻不忠的案例，他们的依恋风格是引发这个问题最重要的原因。乔伊丝主要的依恋模式是安全型的，而朱利奥则更具回避倾向。

朱利奥把乔伊丝理想化了，他一直担心自己配不上她，他也非常担心会失去她，因此在平时交流时，他都避免提起任何财务上的或其他有可能让她不安的话题。他害怕乔伊丝离开他，便挣扎着避免一切潜在的冲突，或直接隐瞒可能让她生气的事。久而久之，他不再随心所欲地表达自己内心的想法，觉得婚姻是种束缚。同时，因为朱利奥始终担心乔伊丝会离开他，这种担心反而让他开始自欺欺人，使他认为乔伊丝将来一定会离开他，因此，他转而发展婚姻之外的亲密关系，这反而更能让他安心，他觉得，如果乔伊丝最终离开了他，他至少还有一份保险。

乔伊丝承认，她自满于能够轻而易举地维持他们的婚姻。朱利奥经常高兴地告诉她一切都好，她也很轻易地相信了这一点。有一次，她怀疑朱利奥出轨并质问他，朱利奥矢口否认，之后她便没有继续追查。脑海里有一个声音告诉她，要信任对方，他们的婚姻一切都好，尽管她的直觉告诉她事实并非如此。

乔伊丝对朱利奥出轨并没有什么过激的反应，她的情绪迅速平复，这都是她安全型依恋模式的体现。发现这件事后，她起初为朱利奥背叛自己而震惊，但在收集信息、寻求帮助的过程中，她很好地控制了自己的情绪，也没有匆忙给出草率的结论，比如断言所发生的事情会对他们的关系造成何种后果等。

经过几次咨询，乔伊丝也开始主动询问朱利奥关于财务、婚姻之外的人际关系，以及他对他们共同生活的真实感受等方面的问题。经过一段时间健康积极的沟通，他们的婚姻变得更加牢固。乔伊丝在情绪上比较克制，对朱利奥也不具任何威胁，所以朱利奥也敢于走出自己的舒适区，同乔伊丝建立更诚实、开放的关系。随着时间的推移，朱利奥越来越相信，尽管自己还有缺点，但乔伊丝还是接受了他。想到这一点，朱利奥对乔伊丝的爱意就更深了。

亲密对话

一段有意义的亲密关系可以让双方更了解彼此，而这通常是旁人无从做到或需要花费功夫才能做到的。我们深入了解某人的过程，其实是"好奇—互动—反馈"的过程。在这个过程中，一方需要有足够的勇气去袒露自己，另一方也需要有积极的意愿去尊重、理解。接下来的这项练习会给你们二人创造机会，尝试进行更亲密的对话。

1. 找一个舒适的地方，二人面对面坐下来，确定谁先进行第一回合。

2. 二人在自己的回合中念出下面提供的问题，然后尝试猜测对方的答案。参考下面的句子，补齐回答。

3. 在猜测了对方可能的回答后，询问对方："这跟你的真实想法接近吗？"根据对方回答的"接近"或"不接近"修改自己的答案；若猜不出，则让对方更正你没有猜准的部分。在对方解释的时候，不要打断，用心聆听。回答完一个问题后，感谢对方的解释，然后进入下一个问题。

4. 问题都完成后，交换问答角色，进入下一回合。

以下是问题和回答的句式。

- 对你来说，最重要的是什么？
  我认为对你来说最重要的是……
- 你有什么不想让我知道的事？
  我觉得，你不想让我知道的关于你的事情是……
- 你愿意向我托付终身吗？

我认为你愿意（不愿意），因为……

· 你最不喜欢自己的哪一点?

我想你可能不喜欢……

请写下你在练习中注意到的或让你感到惊讶的事情。

_____

_____

_____

_____

_____

_____

安全－安全型组合

安全－安全型组合中双方的关系往往很和谐，对于周围的人来说，他们很容易相处，这不奇怪。他们对待彼此体贴温柔，从不会为了自保而背叛对方。他们能够轻而易举地在个人利益和共同目标间切换，甚至有时能让双方的个人利益高度重合，这恰好成了这段关系中两个人的共同追求。他们在沟通时也非常善于捕捉误会，并迅速解决问题，从来不会让负面情绪恶化。

我们会自然地认为处于这类关系中的人都生活得很轻松，关系也很稳固。但有些时候，他们也会受到考验。接下来，我们通过下面的案例看看典型的安全－安全型组合的伴侣是如何展现关系优势、迎接挑战的。

霍莉和勒罗伊都具有可靠的安全型依恋风格。他们在高中便相识了，在大学里开始约会，到现在已经在一起 12 年了。他们非常享受坚如磐石的情谊。他们对彼此也常有一些小牢骚，但他们非常善于花时间倾听彼此的意见，也乐于改变自己的观点。他们让彼此从合理的质询中受益，避免负面情绪充斥在关系中导致怀恨在心。在双方的安全型依恋的加持之下，这些日常的沟通、反馈与改进都发生得自然而然。

他们的情谊已持续了十几年，也相互支持了十几年，尤其是在近些年的职业生涯中。他们大学所学的专业相近，毕业后，霍莉成了一名管理顾问，勒罗伊从事市场营销工作。不过，勒罗伊最近找到了新的目标，他决定转向教育领域。勒罗伊已经激情满满地开始了教育学硕士的学习，这是他有生以来第一次感到自己的人生目标如此明确，他不禁充满了活力，连跟霍莉聊天都常常蹦出各种专业名词和充满智慧的言论。

勒罗伊现在大部分时间都泡在教室和图书馆里，跟同学们一起工作、学习，他发现自己与同学们的共同点越来越多。基于对知识的渴望、对文化的热爱以及相似的价值观，他与同学建立了深厚的友谊。他意识到，尽管他和霍莉彼此相爱，但霍莉无法和他共享这样的乐趣。起初，他试图让她参与他新发现的爱好，但这并未真正吸引她。这也没什么大不了，不过，时间久了，这种事也容易对双方的关系造成影响。霍莉感受到了变化，但不知道该怎么办。在此之前，她对自己和勒罗伊的关系非常放心，她也从来没有想过有什么事情能够威胁二人的关系。

正如我们所预料的那样，生活中的重大转变极有可能给关系带来巨大挑战。人总是在变化的，但若关系双方没有对对方投入足够多的关注以使彼此在变化中适应、转型，那么这种转变便可能引发危机，扰乱原本宁静的生活。

勒罗伊和霍莉原本就对一些改善关系的方法颇有见地，也尝试过一些方法，以便在实践中理解对方。双方作为安全型依恋者，最常用的技巧就是轮流倾听对方的意见，站在对方的立场考虑双方的观点。

但此时，考虑到勒罗伊正在经历重大的转变和成长，他们需要决定是否继续将他们的关系置于首要地位。如果双方都认为这段关系足够有价值，有必要继续下去，那么他们就必须摆脱双方曾经受用的共同发展模式及双方原有的满足感和舒适感，以顺应他们的成长和随时间变化的需求，并以最开放、包容的心态和创造性的努力，向对方做出回应。

而如果他们决定分道扬镳，他们的分手也不会对他们个人造成多大的困扰。他们将深思熟虑，和平分手，彼此保持足够的距离，以健康的方式在各自的道路上继续前进。

安全型依恋的伴侣，无论聚首还是分离，都会考虑对方的需要，努力做到公平对待彼此。尽管他们的依恋关系非常稳固，但是，跟具有其他依恋风格的个体或伴侣一样，当他们处于人生的重大转折点时，他们也可能会离开对方，独自踏上未来的旅程。

静谧之爱

长时间的眼神交流是让两个人亲密相处、营造温暖氛围、增进安全感的一种非常有效的方式。若两个人首次进行眼神交流，无论他们目前对彼此有多深的了解，都会本能地产生警觉甚至陌生感，但当双方继续保持悠长、放松的呼吸，温柔地注视着彼此的眼睛时，他们就会进入一种"静谧之爱"的状态。这种深沉的、无言的爱意，从生物学角度讲，与体内的催产素和其他与积极情感相关的激素的分泌有关。

1. 跟你的同伴面对面，以最舒服的方式坐下来。用手机或计时器设定倒计时，最短 5 分钟，最长 30 分钟。

2. 注视同伴的眼睛。你们可以正常眨眼，但尽量不要看向别处。如果不小心移开了目光，只需再移回来，重新注视自己的同伴即可。

3. 计时停止，即可完成练习。跟同伴分享你的感受，并思考下面的问题。

- 有没有什么东西让你感到很新奇？
- 进行这个练习的时候有没有什么困难？
- 进行这个练习的时候，你觉得哪些是你能轻而易举做到的？
- 在进行这个练习之前，你认为你们双方有多亲密？在注视对方以及完成练习时，你觉得双方的感情有没有变化？

笔记与心得：

_____

_____

_____

_____

_____

_____

章节回顾

3 种依恋类型可以组成 6 种主要的组合：焦虑－焦虑型、回避－回避型、焦虑－回避型、安全－焦虑型、安全－回避型、安全－安全型。

每种组合都独具特征，也常遇到特定类型的挑战，并能发挥其独有的优势。

不管属于何种依恋类型，双方的安全感都有赖于持续密切地关注对方，努力相互理解，并拥有一个值得双方为之奋斗的共同愿景。

在本章，你能学到以下技巧。

通过仪式感、游戏、对话和非语言交流强化情感纽带，加深双方的感情联结，打造更亲密的关系。

第六章

打造安全稳固的未来

一生的旅程

建立健康的人际关系，是一个持续的、贯穿一生的过程。即便具有安全型依恋的人，也会在一生中经历挫折与起伏，在发展新的人际关系时，可能遭遇挑战；若没有长期的积极反馈，他们的优势也可能会逐渐消失。因此，无论具有何种依恋类型，我们都需要基于依恋理论，坚持不懈地进行自我监督、自我提高。而对于尚在认真学习依恋理论的我们来说，最好的方案便是接纳我们仍在焦虑或逃避中挣扎的那部分感受和经历，用心理解，密切关注，温柔呵护，并积极地寻求所需的资源去治愈过往。请相信自己，你的努力终将对你生命中所有值得关心之人产生积极而长远的影响。

现代脑科学在经过 20 世纪末和 21 世纪初的萌芽期后，依然处于襁褓期，尚在奋力发展，神经科学家、生物学家和心理学家都还没有完全探索出人类大脑的奥秘。不过，人们普遍认为，在进化历程中，大脑这一堪称人体最复杂、最精密的器官，在很大程度上帮助我们实现了自如地与他人交流并建立关系的目标。每一个人，从出生起就开始寻求他人的支持，这都是自然产生的行为，是大脑的本意。但是，依恋关系中的不安全感，以及我们后天习得的具有焦虑和回避倾向的行为模式，干扰了我们天生的安全感，影响了人与人之间的信任。

治愈依恋关系中的不安全感的过程很复杂，其影响因素会随着时间的推移而发生变化。朋友之间、同事之间、恋爱和婚姻中的伴侣之间，常常会出现各种问题，其中最复杂的便是依恋中的不安全感，这种不安全感也和这些伴侣间的情感依赖程度息息相关。

在现代社会中，人际交往已经变得极其复杂。如何与我们信任的人交往？如何投入时间？如何培养安全感？我们拥有无数种选择应对方方面面的问题。在面对纷繁复杂的选择时，我希望各位读者谨记，我们需要秉持自己在各种人际关系中的基本立场和价值观，并运用相关的知识和技巧，把自己的价值观付诸实践。

治愈焦虑的自我

如果你在这本书对焦虑型依恋的描述中（见第二章）看到了自己的影子，那么现在你已经知道，一段有压力的关系会让人的大脑和神经系统产生怎样的反应，可能这些反应并非出自你的本意。如果这种矛盾确实存在，那么请相信自己，你有能力做出改变，更好地践行你所持有的价值观。

第一步，尝试逐步接纳你的想法、情绪和身体感受，正是这些要素构成了你在人际关系和相应的经历中独一无二的体验。原谅你过去所做的无用功，原谅你曾给别人造成的伤害。同时，在发展和改善自我的历程中，你要充分调动自己的同情心。

为了打造安全的关系，你可以参考以下步骤。

- 与别人交流时，保持耐心，同时不要忘记提出自己的诉求。
- 要知道，别人无法满足你的需求，并不是在有意为难你。
- 在尝试修复依恋关系时，确定双方的感受。

德西蕾在我这里做过一段时间的咨询。她每次来访，我都能看出她情感的巨大波动。最初，她有着强烈的焦虑倾向，后来则逐渐过渡至安全型。回顾她的人生经历，德西蕾发现，焦虑型依恋行为在她所经历的每一段恋情中都扮演了重要角色。每当她开始一段恋情，她都希望这段恋情中的另一半正是她要找的"对的人"，她会相当认真地同对方交往；但当对方让她失望时，她的行为则会突然变得混乱不堪，对伴侣变得刻薄，埋怨、责备对方。最终，关系破裂。

她厌倦了这种循环，想知道如何才能在人际关系中得到她想要的东西。她开始接受咨询，尽可能多地阅读相关图书，并与社区中德高望重的人交流心得。渐渐地，她能够把这些想法应用到自己的生活中。她决定，在对恋爱技巧更加自信之前，不再进入恋爱关系。

终于，德西蕾可以更加专注于她的友谊，她开始意识到，自己在恋爱之外收获一个完整且满意的生活也不是不可能。她敢于向别人讲出自己的需求，如果别人无法满足她，她也不会太难过。德西蕾的治愈之路或许可以为你提供参考，不过无论你采取何种方式，你都会经历类似的转变，直到你收获最满意的依恋关系，成长为最好的自己。

治愈回避的自我

如果你认识到自己身上存在回避型依恋倾向，并且这种倾向对你的人际关系产生了负面影响，那么，首先，请不要责备自己。这种行为模式是在你当下做出决定的很久之前，甚至是在你幼年时就建立的。若没有他人的经验来为你纠正早期创伤留下的行为模式，你通常无法从中脱离，甚至会自我感觉良好，依然按照你熟悉的方式行事。

以下是帮助你建立更安全的人际关系的参考步骤。

- 正视自己的需求，它们应当得到满足。
- 和你所关心之人一起练习，学会向对方分享你的信息，让对方更好地理解你。
- 学习以开放包容的心态，接纳人与人之间的差异，并解决差异带来的问题。
- 学会辨别你给对方造成的伤害，并在对方被你伤害时，与对方一起修复你们的关系。

阿里曾在我这里接受疏导，后来他已能自如地控制自己的回避型依恋行为。阿里是一家钢铁厂的电焊工，从事繁重的体力劳动。在他工作的环境中，受伤是常事，有时甚至还会发生安全事故。一次，他在处理一台非常精密的设备时搞错了一个重要步骤，结果产品损坏了，阿里自己也受了重伤。他被送去急救室，足足缝了 28 针。反思自己的失误操作后，他突然意识到，几小时过去了，没有一个同事来关心自己的伤情。

阿里的同事们也并非冷酷无情。事实上，他的团队非常重视协作精神，也时常相互支持。但阿里之所以没有得到同事们的同情和关心，是因为从前与同事们相处时，阿里的行为不知不觉地让同事们认为，如果大家对他表达关切，他就会很不自在。以至于到了现在，同事们都已经习惯了，因为不管大伤小伤，阿里都会说："没什么大不了。"

经过一段时间的咨询，阿里认识到自己在人际关系中的特殊需求，他也了解了自己的"容纳之窗"。他发现，当他以放松的心态同他人分享自己的需求时，对方也会向他敞开心扉。他有时甚至可以自如地提出要求，这是他过去从未想到的。

不要惧怕表达你的需求、弱点和欲望，虽然这对你来说可能并不容易。一开始，你可能会吞吞吐吐，可能会感到尴尬，这都很正常。没有人能在初次接触不熟悉的事物时就做到得心应手。对你自己和你秉持的交往价值观有一些信心，你最终会改变自己，享受自己的亲密关系。

持久的安全感

关系中持久的安全感有赖于双方的相互关心和深入了解，这在许多人的经验中都得到了印证，并让他们收获颇丰。你也会有这种体会，因为你会很乐意和他人建立联结，并在孤独和受伤时依赖他们。

你的感受和想法会影响你的行为。你只有了解并接受这个规律，才能自如地驾驭它们，并根据你对人际关系的期望，深思熟虑，做出选择。这些都需要反复练习。我希望，我也相信，你在努力之后，定能迎来崭新而充满希冀的亲密关系。

你需要确保你的情绪稳定且积极，这是产生持久的安全感的重要前提。现在，你便是你自己最好的情绪顾问，因为只有你才知道自己究竟需要什么，以及如何才能得到它。记住，在人际关系中，要正确处理诸多事情，需要长期实践，并积累经验，总结教训。你可能会发现，你很渴望与某人建立亲密关系，或发现你与哪三个最好的朋友已经建立具有持久的安全感的亲密关系……要知道，人类的大脑天生就具备与他人建立情感联结的能力和冲动，但并没有哪种生物学或物理学规律可以决定我们究竟应该如何建立联结。我只能尽最大努力，教你学会运用依恋理论，鼓励你勇敢尝试，找到最适合自己的方法，并向你传达我最真诚的祝福。

展望未来

花点时间设想一下你积极而明朗的未来。在完善交往方式、建立稳固的依恋关系的过程中，你对未来的愿景会逐渐清晰。想一想，你希望一年后的自己是什么样的，并思考以下问题。

一年后的今天，你最在意、投入最多的人际关系会是哪一段？

_____

_____

_____

_____

当你对自己的能力建立信心，在人际关系中感到更安全、更自在、更善于合作时，你在为人处世方面与现在会有何不同？

_____

_____

_____

_____

那时，你所爱之人面对崭新的你，态度如何？

_____

_____

_____

_____

未来可期

祝贺你！到这里，你已经学完全书的内容。请给自己竖起拇指，好好地感谢自己为改善人际关系所做的努力！不过，自我审视、自我监督、自我改变都并非易事，它们更需要勇气与坚持。在今后的时日里，你可以灵活运用自己在本书中学到的知识和技巧，在为人处世方面更上一层楼。不过也请记住，人无完人，请给自己留有犯错和失败的空间。你的经历和情感只会让成长的体验更加丰富，让你的见闻更加立体。请坚持运用本书为你提供的日志和练习，常拿出来看看；一些参考资料也值得随时翻阅参考。这些工具都将成为伴随你一生的巨大财富。

在我的职业生涯中，我有幸见证了许多人在改善人际交往方面取得的进步，他们最终收获了富有安全感的稳固关系。我也由衷感谢你们持之以恒的努力，你们并不是孤军奋战。随着人们对社交价值的日益重视，日后也会有更多的人投身这一领域，为自己，也为所爱之人发光发热。我相信，在大家的共同努力下，我们的工作能够被更多的人看到，被社会认可，人们会学会理解彼此、相互支持，最终，让整个世界变得更好。

参考资料

Bowlby, John. *A Secure Base: Parent-Child Attachment and Healthy Human Development.* New York: Basic Books, 1988.

Fosha, Diana, Daniel J. Siegel, and Marion F. Solomon, eds. *The Healing Power of Emotion: Affective Neuroscience, Development, and Clinical Practice.* New York: Norton, 2009.

Gottman, John M. *The Marriage Clinic: A Scientificaally Based Marital Therapy.* New York: Norton, 1999.

Nummenmaa, Lauri, Enarico Glerean, Riitta Hari, and Jari K. Hietanen. " Bodily Maps of Emotions," *Proceedings of the National Academy of Sciences of the United States of America* 111, No. 2 (January 2014): 646-51.

Porges, Stephen. " *The Neurophysiology of Trauma, Attachment, Self-Regulation and Emotions: Clinical Applications of the Polyvagal Theory.* " Online seminar, April 8, 2016.

Schore, Judith R., and Allan N. Schore. " Modern Attachment Theory: The Central Role of Affect Regulation in Development and Treatment, " *Clinical Social Work Journal 36,* No. 1 (March 2008): 9-20.

Sroufe, Alan, and Daniel Siegel. " The Verdict Is In: The Case for Attachment Theory, " *Psychotherapy Networker* 35, No. 2 (March 2011): 35-39.

Tatkin, Stan. *PACT Training Manual: Module One.* Agoura Hills, CA: PACT Institute, 2016.

致谢

我永远感谢我的课程老师和人生导师斯坦·塔特金，他让我知道了，对处于亲密关系中的人来说，安全感是多么的不可或缺。他出色而富有成效的工作激励着我，推动着我成为一名更好的治疗师、作家，也让我在自己的人际关系中成为值得依靠的人。

感谢家人和长辈们的祝福。我的一切成就都离不开我的母亲陈月嫦（Yue Chang Chen，音译）和弟弟艾迪生·陈（Addison Chen），他们支持我，陪我一起成长，并让我看到我的家庭是如何团结在一起的。

感谢所有花时间完善依恋理论自我评估的人。在截稿日期逼近时，他们的全情投入对我助益良多。如果没有他们，这本书和其中的测验就不会以现在的样子呈现在读者面前。非常感谢戴安娜·吴（Diana Wu）、胡利奥·里奥斯（Julio Rios）、塔玛拉·切拉姆（Tamara Chellam）、亚历山大·阿里斯（Alexander Aris）、埃文·施洛斯（Evan Schloss）、瓦妮莎·迪亚斯（Vanessa Diaz）和莫娜·金（Mona Kim）。

最后，我要感谢我的编辑们，他们的帮助让我可以向更多人分享我的工作。卡米尔·海斯（Camille Hayes）给了我写第一本书的机会，让我能够分享自己的知识，去帮助有需要的人。洛里·汉德尔曼（Lori Handelman）的编辑风格让我的想法以更清晰、更平衡的方式呈现给读者。他们二人鼓励的话语让我更加相信自己，也更加相信这本书能够发挥它应有的作用。